MAIS DE 5 MILHÕES DE VISUALIZAÇÕES NO CANAL DO YOUTUBE EM MAIS DE 50 PAÍSES

COLETÂNEA CANAL
Dinheiro à Vista

Ph.D.**Reinaldo Domingos**

NOME SUJO
PODE SER A SOLUÇÃO!

MAIS DE
60 MILHÕES
DE BRASILEIROS
INADIMPLENTES

QUEM NÃO TEM DÍVIDA, QUE ATIRE A PRIMEIRA PEDRA!

Este livro faz parte da Coletânea Dinheiro à Vista do Ph.D Reinaldo Domingos.

@Editora DSOP, 2019
@Reinaldo Domingos, 2019

Presidente: Reinaldo Domingos
Projeto Editorial e Editora de Texto: Nilcéia Esposito

Arte: Book Maker Composição Editorial Ltda
Revisor: Bartira Costa Neves
Colaboração: Cíntia Senna

Todos os direitos desta edição são reservados à Editora DSOP
Av. Paulista, 726 | Cj. 1210 | 12º andar
Bela Vista | CEP: 01310-910 | São Paulo - SP
Tel: 11 - 3177.7800
www.editoradsop.com.br

Dados Internacionais de Catalogação na Publicação (CIP)

Domingos, Reinaldo

　Nome sujo pode ser a solução / Reinaldo Domingos.
　– 1.ed. – São Paulo: DSOP Educação Financeira, 2019.
　112 p.; 16 x 23 cm.

　ISBN: 978-85-8276-338-4

　1. Educação financeira. 2. Inadimplência. 3. Dívida.
4. Dificuldade financeira. 5. Sonhos. I. Título.

　　　　　　　　　　　　　　　　　　　CDD 332.024

Índice para catálogo sistemático:
1. Educação financeira: inadimplência
2. Dívida: dificuldade financeira
3. Sonhos

Bibliotecária responsável: Aline Graziele Benitez CRB-1/3129

DEDICATÓRIA

Dedico esse livro aos inscritos c a todos que assistem os vídeos do meu Canal Dinheiro à Vista, por acreditarem em minha missão de disseminar a Educação Financeira.

Que esses ensinamentos contribuam com aqueles que de alguma forma, acreditam em minhas orientações e com elas se motivam a alcançar os Sonhos e Propósitos – "o verdadeiro sentido da VIDA".

AGRADECIMENTOS

Agradeço a Deus por mais um filho gerado, dessa vez o desafio foi extrair a essência da minha Fala, do meu Pensamento, do meu SER junto aos vídeos do meu Canal Dinheiro à Vista.

Também agradeço aos meus amigos, minha equipe de produção e apoio Paulo Fabrício, Adelino Martins e Cíntia Senna, assim como meus familiares que com toda paciência me permitem servir a sociedade no que amo.

SUMÁRIO

Introdução **11**

    Por que estar com o nome sujo pode ser a solução?................................11

    Pesquisas e Fundamentos..12

    A Importância da Educação Financeira no Brasil e no mundo................17

    Eu financeiro 21

Desmistificando a dívida..**27**

    Dívida nem sempre é problema! (Pode acreditar, não fiquei louco) 28

    Os reais motivos das suas dívidas!..31

    Emprestar o seu nome é um grande risco!...34

    Fiador, ser ou não ser? 36

    A dívida pode fazer você perder o emprego!..38

    Antecipar parcelas das dívidas é um erro!..40

    Portabilidade: pagar menos juros garante a realização de mais sonhos 44

Como utilizar o crédito com consciência **47**

    1º salário = 1ª dívida? Cuidado com o crédito fácil!..................................48

    Crédito consignado? Cuidado para não piorar a sua situação!...............50

    Empréstimo on-line é uma boa?...53

    Parcelar a fatura do cartão de crédito? Conheça os riscos......................55

É a hora de quebrar o cartão de crédito?..58

Cartão de crédito – dez orientações para usá-lo melhor........................60

Cheque especial – Saiba mais...64

Compras sustentáveis... 67

Ostentação, um pecado para o dinheiro!...68

Comprar à vista ou parcelado?..71

Em quantas parcelas é ideal comprar?...74

Nome Sujo – Uma Oportunidade 75

Nome sujo pode ser a solução!..76

Está negativado? Veja se vale a pena fazer um empréstimo...................80

Dívida caduca? Veja que não é tão simples 82

Chega de nome sujo! – Veja como limpar o seu nome 84

Qual dívida devo pagar primeiro?..87

Feirão Limpa Nome vale a pena?...90

Educação Financeira na Prática... 93

DSOP: quatro letras que mudarão a sua vida financeira..........................94

Quanto tempo você sobrevive sem salário? 99

Crie agora uma reserva de emergência! 101

Dez mandamentos para não se endividar.. 104

Ciclo de uma vida sem dívidas.. 107

Conclusão 109

Sobre o Autor...111

INTRODUÇÃO

Por que estar com o nome sujo pode ser a solução?

Olá!

Para mim, é um grande prazer poder compartilhar com você esse tema, que, para milhões de pessoas, pode parecer algo surreal. Acredite, não é. Foram anos de muita vivência e estudo nesse universo do endividamento e da inadimplência.

Independentemente da sua situação financeira, os ensinamentos desta obra contribuirão com o seu conhecimento, e você poderá, com isso, apoderar-se desse aprendizado e até ajudar pessoas desesperadas que acham que dívidas são o seu fim. E eu afirmo: são apenas o começo para criar um novo fim.

Esse conteúdo faz parte da **Coletânea Dinheiro à Vista**, oriundo do meu Canal de Youtube. Nele, você encontrará esses e outros temas relacionados à Educação Financeira.

O ciclo dessa educação é ler, aprender, praticar e passar adiante. Esse é o segredo para que você possa absorver os conhecimentos referentes ao tema aqui discutido.

Boa leitura,

Ph.D. Reinaldo Domingos

Pesquisas e Fundamentos

63 milhões de consumidores

Data	Número de inadimplentes em milhões
Março/19	63,0
Fevereiro/19	62,2
Março/18	61,0
Março/17	59,8
Março/16	59,8

Fonte: https://www.serasaexperian.com.br/sala-de-imprensa/inadimplencia-atinge-63-milhoes-de-consumidores-em-marco-e-bate-recorde-historico-revela-serasa-experian

Idade	mar/19	mar/18	Variação (%)
18 a 25	31,4%	31,4%	0,1
26 a 30	44,6%	44,7%	**-0,1**
31 a 35	46,3%	46,4%	**-0,1**
36 a 40	48,5%	47,8%	0,7
41 a 50	44,9%	43,7%	1,2
51 a 60	38,8%	37,6%	1,2
Mais de 61 anos	35,4%	33,5%	1,9

Perfil do Consumidor Inadimplente

- Os homens são maioria, com 50,9% dos inadimplentes;

- As pessoas que ganham de 1 a 2 salários mínimos são as mais atingidas (39,1%), seguidas dos que ganham até 1 salário mínimo (38,8%);

- A maioria dos inadimplentes possui apenas uma dívida (37,3%). Mas 30,7% dos consumidores negativados possuem quatro dívidas ou mais;

- 19,4% dos inadimplentes têm idade entre 41 e 50 anos. Em segundo no ranking estão os jovens de 18 a 25 anos (14,9% do total).

Fonte: https://www.serasaconsumidor.com.br/ensina/seu-nome-limpo/o-que-e-inadimplencia/

> O Brasil tem hoje uma população de endividados do tamanho da Itália: são 63,4 milhões com dívidas pendentes, além de 5,3 milhões de empresas com CNPJ negativado (dados da Serasa Experian).
>
> Fonte: https://www.serasaexperian.com.br/consultaserasa/blog/conheca-as-7-principais-causas-de-inadimplencia-no-brasil-hoje

Inadimplência por segmento

Segmento	2017	2018
Banco/Cartão	30,0%	28,3%
Utilities	18,0%	19,4%
Telefonia	11,3%	12,0%
Varejo	13,6%	12,4%
Serviços	10,8%	10,8%
Financeira/Leasing	8,9%	9,8%
Outros	7,4%	7,4%

Inadimplência por região

45,2%	Sudeste
25,2%	Nordeste
12,7%	Sul
8,8%	Norte
8,0%	Centro-Oeste

Inadimplência por *aging* (vencimento)

Até 30 dias	1,5%
31 a 60 dias	2,9%
61 a 90 dias	2,3%
91 a 180 dias	6,1%
181 dias a 1 ano	11,7%
1 a 2 anos	21,6%
2 a 3 anos	20,4%
3 a 4 anos	18,2%
4 a 5 anos	15,3%

Fonte: https://www.serasaexperian.com.br/blog/inadimplencia-em-2018-um-perfil-por-segmentos-aging-regiao-e-classe-social-tag-cobranca

Inadimplência no MEI

Período	N° de MEIs	Total de inadimplentes	Em % do total
Jan/18	7.851.685	3.237.096	41,23
Dez/18	7.739.452	4.209.907	45,60

8.029.241 Total de MEIs em fevereiro 2019

Fonte: https://www.correiobraziliense.com.br/app/noticia/economia/2019/03/09/internas_economia,741870/inadimplencia-no-mei-atinge-quase-metade-dos-inscritos-no-programa.shtml

29% dos Servidores Públicos

Em dezembro de 2017, 29% dos servidores federais e estaduais estavam inadimplentes com os pagamentos de créditos consignados. O dado foi divulgado pelo Serasa Experian, em estudo inédito anunciado nesta segunda-feira.

Fonte: https://extra.globo.com/emprego/servidor-publico/pesquisa-indica-que-29-dos-servidores-federais-estaduais-pais-estao-endividados-22819846.html

3 em cada 10 idosos estão inadimplentes no Brasil, aponta pesquisa do SPC Brasil

Três em cada dez idosos entre 65 e 84 anos no país estão com o nome sujo, aponta pesquisa do SPC Brasil e da câmara dos lojistas feita em abril. Segundo o estudo, a maior parte das dívidas (52%) está ligada a bancos, cartão de crédito, cheque especial, financiamentos e empréstimos. Em seguida aparecem débitos com comércio (17%), comunicações (12%) e contas de água e luz (10%).

Fonte: http://www.fsindical.org.br/imprensa/3-em-cada-10-idosos-estao-inadimplentes-no-brasil-aponta-pesquisa-do-spc-brasil

Pesquisa Endividamento e Inadimplência do Consumidor

	Síntese dos Resultados		
	Total de Endividados	Dívidas ou Contas em Atraso	Não Terão Condições de Pagar
abr/18	60,2%	25,0%	10,3%
mar/19	62,4%	23,4%	9,4%
abr/19	**62,7%**	**23,9%**	**9,5%**

Nível de Endividamento – Comparação Anual

Abril 2018

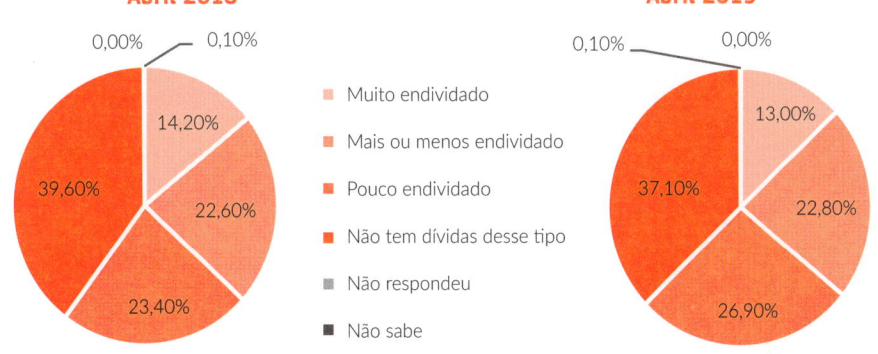

- 0,00%
- 0,10%
- 14,20%
- 22,60%
- 23,40%
- 39,60%

Legenda:
- Muito endividado
- Mais ou menos endividado
- Pouco endividado
- Não tem dívidas desse tipo
- Não respondeu
- Não sabe

Abril 2019

- 0,10%
- 0,00%
- 13,00%
- 22,80%
- 26,90%
- 37,10%

Principais Tipos de Dívida

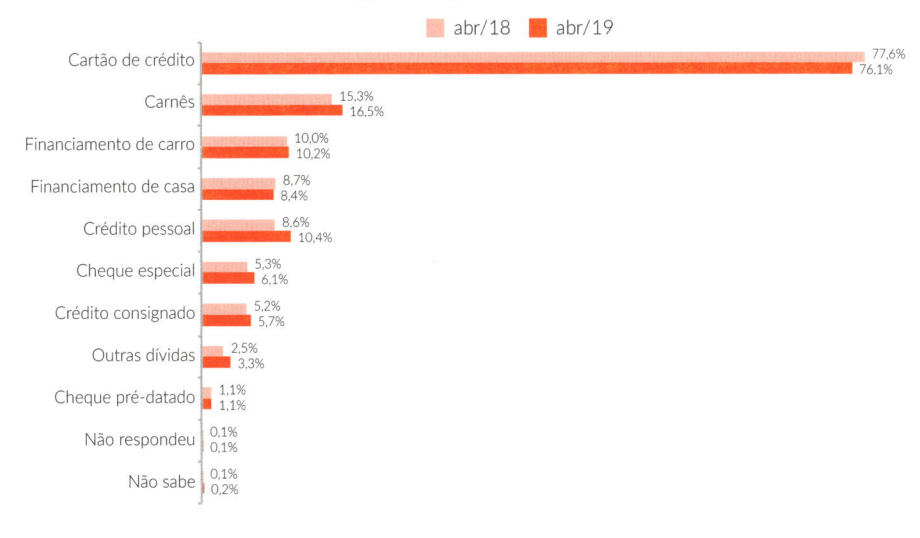

■ abr/18 ■ abr/19

Tipo	abr/18	abr/19
Cartão de crédito	77,6%	76,1%
Carnês	15,3%	16,5%
Financiamento de carro	10,0%	10,2%
Financiamento de casa	8,7%	8,4%
Crédito pessoal	8,6%	10,4%
Cheque especial	5,3%	6,1%
Crédito consignado	5,2%	5,7%
Outras dívidas	2,5%	3,3%
Cheque pré-datado	1,1%	1,1%
Não respondeu	0,1%	0,1%
Não sabe	0,1%	0,2%

Introdução

Tempo de Comprometimento com Dívida (entre os endividados)			
Abril de 2019			
Categoria	Total	Renda Familiar Mensal	
		Até 10 SM	+ de 10 SM
Até 3 meses	26,1%	25,7%	27,9%
Entre 3 e 6 meses	21,7%	22,3%	19,2%
Entre 6 meses e 1 ano	17,2%	17,7%	14,8%
Por mais de 1 ano	30,4%	29,2%	36,1%
Não Sabe/Não Respondeu	4,6%	5,1%	2,0%
Tempo médio em meses	**6,9**	**6,8**	**7,1**

Parcela da Renda Comprometida com Dívida (entre os endividados)			
(Cheque pré-datado, cartão de crédito, carnê de loja, empréstimo pessoal, prestação de carro e seguro)			
Abril de 2019			
Faixa	Total	Renda Familiar Mensal	
		Até 10 SM	+ de 10 SM
Menos de 10%	24,4%	23,0%	30,5%
De 11% a 50%	49,5%	49,5%	50,2%
Superior a 50%	20,3%	21,2%	15,7%
Não Sabe/Não Respondeu	5,9%	6,3%	3,7%
Parcela Média	**29,4%**	**29,9%**	**27,2%**

Fonte: Pesquisa Nacional CNC – abril de 2019 – Data: 06/05/2019

Fatia por tipo de inadimplente no total das dívidas

DE JANEIRO A MAIO, EM PORCENTAGEM

2018   2019

Inadimplente novo
- 2018: 20,6
- **2019: 20,6**

Reincidente velho
- 2018: 54,4
- **2019: 52,3**

Reincidente novo
- 2018: 24,96
- **2019: 27,08**

Fonte: https://economia.estadao.com.br/noticias/geral,economia-parada-deixa-brasileiro-refem-das-dividas,70002876562

A Importância da Educação Financeira no Brasil e no mundo

Entre os maiores desafios deste século, destaco a ausência da sustentabilidade financeira das famílias no Brasil e no mundo. Esse problema não é encontrado só em países emergentes, mas já é uma preocupação declarada também nos países desenvolvidos, como os Estados Unidos e até mesmo o Japão. Certamente, você pode estar surpreso quando cito o Japão, mas não fique. Num passado não muito distante, os bisavós e avós, sem dúvida, eram pessoas poupadoras ao extremo, o que também não era o modelo mais adequado. Digo isso, pois tudo que fazemos ou temos em excesso faz mal, basta ver os exemplos de vários orientais que construíram grandes fortunas, adoeceram com depressão e até mesmo chegaram ao suicídio.

Ainda no Japão, os netos e bisnetos deles tiveram muitas facilidades nas suas conquistas, ou seja, não se esforçaram e não lutaram por elas como as gerações anteriores e, com o passar do tempo, os hábitos de consumo tomaram conta desses jovens, o que mostra a importância de uma educação financeira para todos.

Nesse mesmo sentido, podemos citar alguns agentes que contribuem com o desequilíbrio financeiro das famílias no Brasil e no mundo:

- a ausência de programas de Educação Financeira;
- a evolução tecnológica;
- a facilidade de compras;
- o crédito fácil;
- os créditos para negativados;
- a ausência de sonhos e propósitos;
- a ausência da Educação Financeira no processo sucessório; e
- o analfabetismo financeiro.

Você percebeu que são vários os motivos que levam à situação de desequilíbrio financeiro? Entre eles, destaco a ausência de sonhos e propósitos. É muito comum obter como resposta o silêncio, ao perguntar para uma pessoa se ela tem sonhos, como se isso não fizesse mais parte da sua vida. Mesmo quando se obtém alguma resposta, esta é quase sempre de sonhos de curtíssimos prazos. E, para agravar ainda mais essa situação, ao perguntar qual é o valor desses sonhos, quanto a pessoa está guardando para realizá-los, em quanto tempo ela pretende fazê-lo e de onde planeja tirar os recursos para isso, também não encontramos essas respostas.

Por anos, Educação Financeira foi confundida com Finanças Pessoais e, mais recentemente, com Finanças Comportamentais. Ao longo do tempo, a terminologia relativa ao dinheiro e a sua utilização foi construída por um só motivo: o escambo, ou seja, como os produtos e mercadorias eram trocados e os seus valores tinham pesos diferentes, o dinheiro surgiu para fazer esse alinhamento. E é lógico que, para que o dinheiro pudesse ser administrado e controlado, a sua utilização embasou-se em números e cálculos, cujo conjunto passou a ser chamado de finanças. E, do fato de o dinheiro ser manuseado entre pessoas, veio a expressão "finanças pessoais", que tem o objetivo de controlar o dinheiro e o seu movimento, o que intitulo de **ferramenta financeira**.

Também é verdade que as finanças trazem resultados que proporcionam uma base e ferramentas para a tomada de decisão. Como são as pessoas que lidam com o dinheiro por meio dessas ferramentas, buscou-se conectar o comportamento do número na relação dinheiro-pessoa e pessoa-dinheiro. Daí surgiu a expressão "finanças comportamentais". O que, de fato, acontece é que números não têm vida, são exatos, portanto, a função das Finanças Comportamentais nada mais é do que analisar o comportamento deles.

E, como qualquer outra ciência, a evolução é verdadeira. Nesse caso, surgiu outra expressão: a Educação Financeira, que foi intitulada também na mesma linha das Finanças Pessoais e Finanças Comportamentais – o que, na minha visão, foi um erro clássico, visto que, ao trazer à luz do entendimento, o comportamento não está embasado nos números, e sim no ser humano, porque, como seres humanos, temos como bases e princípios, propósitos e sonhos. Portanto, não basta apenas o entendimento.

Como ciência, a Educação Financeira precisava ser vivenciada e comprovada academicamente, por meio de uma metodologia embasada nos hábitos e comportamentos do **ser** e multiplicada com eficácia, para proporcionar a todos que a praticassem a autonomia e a sustentabilidade financeira. Assim, prova-se que a ciência Educação Financeira, efetivamente, está embasada no ser humano e nos seus sonhos e propósitos, por meio de atitudes e hábitos, e não em números, como apresentam as Finanças Pessoais e Finanças Comportamentais.

E esses ensinamentos, assim como em qualquer outra ciência, só são possíveis de serem aplicados e replicados por meio de metodologia. Ainda, para que se possa mudar essa situação, um dos agentes imprescindíveis é o **tempo**. Digo isso porque, quanto mais cedo você começar, menor será o seu esforço, e a recíproca é verdadeira: quanto menos tempo, maior será o seu esforço.

> **Leandro Rocha** 7 meses atrás
> Excelente, Professor Reinaldo Domingos! Estou aplicando o método DSOP, efetivamente e minha vida começou a mudar, a partir do momento que comecei, pois, agora, o método não está sendo realizado, só comigo, estar sendo desenvolvido com a família toda e além do mais, estamos sentindo a satisfação de ter a certeza que iremos realizar nossos sonhos coletivos e individuais. Muito bom. Um forte abraço.
> 👍 👎 💬 RESPONDER

Esses ensinamentos fazem parte da Metodologia DSOP, que é composta por quatro pilares: **D**, de diagnosticar; **S**, de sonhar; **O**, de orçar; e **P**, de poupar. Parece simples, e eu afirmo, sem dúvida alguma, que é muito simples. É o óbvio que você nunca parou para pensar, mas, como tudo na vida, o óbvio passa despercebido, não é enxergado, não é observado, deixa-se de praticá-lo. E, por ser óbvia e simples, a Metodologia DSOP vem alcançando maior entendimento ao longo de sua descoberta, porque, na ciência, o feito nunca está pronto, sempre está em construção.

A certeza é que essa metodologia entrega a esperança e promove verdadeiras realizações na vida das famílias.

Esse jeito de fazer é parte da minha trajetória de vida, com mais de 50 anos de experiência vivenciada e consolidada, por meio do reconhecimento acadêmico nos meus mestrado, doutorado e pós-doutorado, representado pelo conceito da Educação Financeira:

> A Educação Financeira é uma ciência humana que busca a autonomia financeira, fundamentada por uma metodologia baseada no comportamento, objetivando a construção de um modelo mental que promova a sustentabilidade, crie hábitos saudáveis e proporcione o equilíbrio entre o SER, o FAZER e o TER, com escolhas conscientes para a realização de sonhos.

Existe, sim, um caminho a ser percorrido. Convido você e a sua família a fazer parte dessa nova história, tendo a Educação Financeira como aliada na construção de novas gerações educadas, saudáveis e sustentáveis financeiramente, para garantir, assim, a longevidade do ser humano.

Eu financeiro

Como eu falei no início deste livro, independentemente da sua situação financeira, é sempre possível melhorar.

Faça o seguinte teste e descubra o seu perfil financeiro atual.

Endividado, equilibrado financeiramente ou investidor?

1. O que você ganha por mês é suficiente para arcar com os seus gastos?

    a) ( ) Consigo pagar minhas contas e ainda guardo 10% dos meus ganhos todo mês.

    b) ( ) Ganho o suficiente, mas não sobra nada.

    c) ( ) Gasto todo o meu dinheiro e ainda uso o limite de cheque especial ou peço emprestado para parentes e amigos.

2. Você tem conseguido pagar as suas despesas em dia e à vista?

    a) ( ) Pago-as em dia, à vista e, em alguns casos, com bons descontos.

    b) ( ) Quase sempre, mas tenho que parcelar as compras de maior valor.

    c) ( ) Sempre parcelo os meus compromissos financeiros e utilizo linhas de crédito, como cheque especial e cartão de crédito, entre outras.

3. Você realiza o seu orçamento financeiro mensalmente?

    a) ( ) Faço-o periodicamente e comparo o orçado com o realizado.

    b) ( ) Somente registro o realizado, sem analisar os gastos.

    c) ( ) Não faço o meu orçamento financeiro.

4. Você consegue fazer algum tipo de investimento?

   a) ( ) Utilizo mais de 10% dos meus ganhos em linhas de investimentos, que variam de acordo com os meus sonhos.

   b) ( ) Quando sobra dinheiro, invisto, normalmente, na caderneta de poupança.

   c) ( ) Nunca sobra dinheiro para esse tipo de ação.

5. Como você planeja a sua aposentadoria?

   a) ( ) Tenho planos alternativos de previdência complementar para garantir a minha segurança financeira.

   b) ( ) Contribuo para a Previdência Social, mas sei que preciso de uma reserva extra, contudo não consigo poupar.

   c) ( ) Não contribuo nem para a Previdência Social, nem para uma previdência complementar.

6. O que você entende sobre ser independente financeiramente?

   a) ( ) Que posso trabalhar por prazer e não por necessidade.

   b) ( ) Que posso ter dinheiro para viver bem no meu dia a dia, mas não ter reserva.

   c) ( ) Que posso curtir a vida intensamente e não pensar no futuro.

7. Você sabe quais são os seus sonhos e objetivos de curto, médio e longo prazos?

   a) ( ) Sei quais são, quanto custam e por quanto tempo terei que guardar dinheiro para realizá-los.

   b) ( ) Tenho muitos sonhos e sei quanto eles custam, mas não sei como realizá-los.

   c) ( ) Geralmente, não sei quais são e, quando sei, não consigo guardar dinheiro para realizá-los.

8. Se um imprevisto alterasse a sua situação financeira, qual seria a sua reação?

a) ( ) Faria um bom diagnóstico financeiro, registrando o que ganho e o que gasto, além dos meus investimentos e dívidas, caso os tivesse.

b) ( ) Cortaria despesas e gastos desnecessários.

c) ( ) Não saberia por onde começar e teria medo de encarar a minha verdadeira situação financeira.

9. Se a partir de hoje você não recebesse mais o que ganha, por quanto tempo conseguiria manter o seu atual padrão de vida?

a) ( ) Conseguiria fazer tudo o que faço por 5 a 10 anos ou mais.

b) ( ) Manteria o meu padrão de vida por 1 a 4 anos, no máximo.

c) ( ) Não conseguiria manter o mesmo padrão nem por alguns meses.

10. Quando você decide comprar um produto, qual é a sua atitude?

a) ( ) Planejo uma forma de investimento para comprar à vista e com desconto.

b) ( ) Parcelo dentro do meu orçamento.

c) ( ) Compro e depois me preocupo como vou pagar.

> As alternativas **a** valem 10 pontos, as **b** valem 5 pontos e as **c** valem 0 pontos. Some a sua pontuação e descubra o seu perfil.

Investidor (80 a 100 pontos) – A grande parte das pessoas que tem como resultado este perfil, mesmo tendo o hábito de guardar parte do dinheiro que ganha, geralmente não consegue se sustentar por mais de um ano.

Independente se você está nessa situação ou não, convido-lhe a continuar lendo este livro, pois é preciso saber se você está carimbando esse dinheiro investido, porque muitas pessoas não fazem isso, elas apenas guardam por guardar. E você o que está fazendo com os seus recursos? O seu dinheiro está devidamente separado por tempo e destino?

Investir é potencializar o dinheiro poupado. Isso significa que você está num bom caminho, porque poupar vai muito além de investir, e isso você aprende com a Metodologia DSOP de Educação Financeira.

Recomendo que faça uma avaliação dos seus sonhos a serem alcançados e os distribua no curto (até um ano), médio (de um a dez anos) e longo (acima de dez anos) prazos. Também é importante envolver a família nesse propósito e fazer com que ela descubra os seus verdadeiros sonhos, tanto individuais quanto coletivos.

Equilibrado financeiramente (50 a 75 pontos) – Você certamente está achando que esta situação é favorável à sua vida financeira, porém afirmo que não é. Como Ph.D. em Educação Financeira, entendo que esta situação é a mais grave de todas. Desculpe-me pela franqueza!

E por que digo isso? Vamos começar a entender melhor porque estar equilibrado financeiramente é uma situação não muito agradável. Pense na resposta para a pergunta: "Se, a partir de hoje, você não mais recebesse o seu ganho mensal, por quanto tempo manteria o seu atual padrão de vida?". Ele já o coloca diante da falta de sustentabilidade financeira e, com isso, faz com que fique vulnerável às intempéries da vida, o que denota uma ausência de educação financeira.

Certamente, já ouviu esta frase: "Não importa o que você ganha, e sim o que você gasta". Por isso, convido você e a sua família a conhecerem, aprenderem e praticarem a educação financeira pela Metodologia DSOP.

Endividado (0 a 45 pontos) – A sua pontuação mostra que a sua situação financeira pode estar de duas formas: endividado ou até mesmo inadimplente. Independentemente de qual seja ela, é possível mudar de vez essa situação. Ao longo da minha vida como educador e terapeuta financeiro, já presenciei diversas situações parecidas com a sua, e – acredite –, em todas elas, as pessoas conseguiram se reerguer muito rapidamente aplicando a Metodologia DSOP de Educação Financeira.

> **Raney Monteiro** 1 ano atrás (editado)
> Mudou a minha vida, aliás está mudando minha vida. Pois estarei realizando meu sonho da casa própria com essa metodológia DSOP. parabéns mestre Reinaldo Domingos.
> Estarei aguardando o senhor em Fortaleza-ce.
> 👍 3   👎   RESPONDER

Para tanto, é preciso acreditar no seu eu, no seu ser, e saber que, com muita perseverança, você poderá mudar essa condição de endividado e, até mesmo, chegar a se tornar um investidor.

É possível que, ao longo da sua vida, os seus hábitos financeiros, sempre tenham colocado os gastos em primeiro lugar, ou seja, o dinheiro que passou pelas suas mãos teve como prioridade do seu destino, o consumo. Mas não se culpe, isso aconteceu também com os nossos ancestrais, que, em nenhum momento, receberam uma educação financeira.

Algo que também ficou marcado nessa minha trajetória é que estar nessa situação de endividado, muitas vezes, é melhor do que estar numa situação equilibrada financeiramente. Acredito nisso porque o estado de endividamento já provoca uma necessidade de atitude, de não mais permanecer na situação em que se encontra.

Então, nada de perder mais tempo do que já perdeu, a hora chegou! Vamos virar esse jogo! Estou com você, e vamos imediatamente envolver a sua família nisso. Não queira resolver tudo sozinho, pois família unida jamais será vencida. E me coloco também nessa nova família. Praticar os quatro passos da Metodologia DSOP fará com que você se empodere, que renasça para a vida. E o que mais fará com que tenha êxito será o resgate dos seus sonhos e propósitos, entre estes, o de sair da situação de endividamento. Mas lembre-se: todos da sua família, inclusive você, precisam sonhar, porque esse será o combustível e o agente motivador da sua vitória.

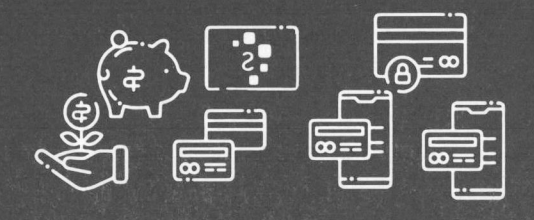

DESMISTIFICANDO A DÍVIDA

Antes de começarmos a falar sobre dívidas, tenho algumas perguntas para você refletir:

- O que é dívida?
- O que é inadimplência?
- Você tem dívidas? Está inadimplente?
- Acha que ter dívidas é bom ou ruim?

Vamos compreender melhor esse assunto e desmistificar essa tal dívida, que, para muitos, é algo ruim e, para outros, a solução.

> **Cristiano Domingos** 1 mês atrás (editado)
> Confesso que pra mim as duas coisas eram a mesma. Esse canal é um dos melhores do YouTube e bem simplificado nas instruções financeira, parabéns, Reinaldo Domingos!👏👏
> 👍 1 👎 RESPONDER

Dívida nem sempre é problema! (Pode acreditar, não fiquei louco)

A dívida pode ser uma coisa muito boa. E a inadimplência sempre muito ruim.

Como educador financeiro, ouço muitas pessoas me falarem assim: "Reinaldo, você certamente orienta que comprar à vista, com desconto, poupar e investir é o caminho para a independência financeira". Sem dúvida, eu posso afirmar que é sim. "Então estar endividado pode ser um problema?" Eu diria que nem sempre.

A dívida, hoje, é algo que efetivamente acompanha as pessoas em todo o planeta. Você tem cartão de crédito, por exemplo? "Ah, eu tenho cartão de crédito!" Então, você é um endividado. Eu também sou um endividado. "Ah, mas eu sou independente financeiramente!" Não importa! Se você usou o cartão de crédito, já tem uma dívida, já comprometeu parte do seu orçamento para pagar isso no mês subsequente.

Então, ter dívida pode ser até uma estratégia para que você possa ficar melhor ainda e proteger o seu dinheiro? Isso. Preste atenção! Ela pode ser muito interessante para você ter sustentabilidade financeira. É nesse sentido que eu queria realmente ressaltar que você pode ter a dívida efetivamente ao seu favor.

"Ah, mas nós temos dívidas de valor e dívidas sem valor."

Dívidas com valor: casa própria, carro, moto, terrenos etc. Algo bacana! Até mesmo o meu estudo, eu ter um financiamento estudantil, para que possa estudar, é estar investindo na minha educação. Isso não é uma dívida ruim.

No entanto, nós também temos **dívidas sem valor**.

"Mas elas são tão ruins assim?" Talvez não. Porém podem, sim, levar você à inadimplência. Então, sim, temos que ficar muito atentos.

A **inadimplência** ocorre quando você deixa de honrar alguma dívida no seu vencimento. E, dependendo da inadimplência, você pode perder os seus bens: a sua casa, o seu carro, por exemplo. Mas, quando você fica inadimplente, com o cartão de crédito, com o cheque especial, os juros são muito altos – estou falando de 7% a 15% de juros, de muito dinheiro ao mês –. Nossa, muita grana! E, por isso, é muito importante ficarmos atentos a essa tal inadimplência.

Para lhe ajudar a controlar melhor as suas dívidas, as suas prestações, eu criei uma planilha que indica o seguinte: o percentual mensal das prestações sobre o seu ganho. Você vai conseguir enxergar mensalmente quantas prestações tem, qual é o percentual que essas prestações somadas comprometem o seu ganho no mês, o seu salário mensal.

Percentual mensal das prestações sobre o ganho

Ganho mensal			1.000,00	1.000,00	1.000,00	1.000,00	1.000,00	1.000,00	1.000,00	1.000,00	1.000,00	1.000,00
Comprometimento sobre o ganho em %			10%	15%	25%	30%	40%	45%	55%	60%	70%	75%
Descrição	Compras	Nº parcelas	Mês 1	Mês 2	Mês 3	Mês 4	Mês 5	Mês 6	Mês 7	Mês 8	Mês 9	Mês 10
Compra 1	1.000,00	1/10	100,00	100,00	100,00	100,00	100,00	100,00	100,00	100,00	100,00	100,00
Compra 2	500,00	1/10		50,00	50,00	50,00	50,00	50,00	50,00	50,00	50,00	50,00
Compra 3	1.000,00	1/10			100,00	100,00	100,00	100,00	100,00	100,00	100,00	100,00
Compra 4	500,00	1/10				50,00	50,00	50,00	50,00	50,00	50,00	50,00
Compra 5	1.000,00	1/10					100,00	100,00	100,00	100,00	100,00	100,00
Compra 6	500,00	1/10						50,00	50,00	50,00	50,00	50,00
Compra 7	1.000,00	1/10							100,00	100,00	100,00	100,00
Compra 8	500,00	1/10								50,00	50,00	50,00
Compra 9	1.000,00	1/10									100,00	100,00
Compra 10	500,00	1/10										50,00
Total das prestações			100,00	150,00	250,00	300,00	400,00	450,00	550,00	600,00	700,00	750,00

Você, pela primeira vez, saberá exatamente quanto dinheiro, dentro do mês, já está comprometendo o ganho que tem. Acredite, muitas pessoas já têm comprometidos, só com prestações, 30%, 40%, 50% do seu ganho mensal.

"É lógico! Aí eu fico com o restante para poder pagar os impostos sobre o que eu ganho e ainda todos os meus compromissos do mês."

Por isso, há muita gente ficando inadimplente. São mais 60 milhões de pessoas, hoje, no Brasil, inadimplentes, que não pagam mais os seus compromissos financeiros.

Esse é um tema de grande relevância e importância. E, se você está nessa situação, pode sair dela. Continue a ler esta obra, para se aprofundar sobre como o fato de estar com o nome sujo pode ser a solução e sobre o passo a passo para sair da inadimplência. Quero que você saia dessa situação, caso esteja nela! E, se não estiver, certamente um amigo ou parente seu pode estar, então ajude-o(s)! Ele(s) será(ão) eternamente grato(s).

E agora compreendeu? Vamos praticar.

Qual é seu ganho mensal?

Quais são as suas dívidas?

Data compra	Tipo	Valor	Vencimento	Em dia? Sim ou Não	Credor

Agora vamos ver quais são as suas parcelas, como você está comprometendo os seus ganhos futuros, qual é o percentual mensal das prestações sobre o seu ganho:

	Ganho mensal										
	Comprometimento sobre o ganho em %										
Descrição	Compras	Nº parcelas	Mês 1	Mês 2	Mês 3	Mês 4	Mês 5	Mês 6	Mês 7	Mês 8	Mês 9	Mês 10
Compra 1											
Compra 2											
Compra 3											
Compra 4											
Compra 5											
Compra 6											
Compra 7											
Compra 8											
Compra 9											
Compra 10											
Total das prestações											

Os reais motivos das suas dívidas!

Você sabe por que tem dívida(s)?

Ter dívida não é um problema. Muita gente me pergunta o seguinte: "Reinaldo, por que é que eu fico tão endividado? Eu não consigo sair desse sistema. O que é? Qual é a causa disso? De onde vem isso?"

Neste tópico, vamos falar sobre as causas do endividamento. O mais importante é sabermos exatamente porque nos endividamos. Qual é o agente que leva todos nós a essa situação de ficar devendo a um terceiro?

Eu falo que dívida não é um problema, como conversamos no tópico anterior, porque você estar endividado significa que vai pagar um compromisso em tal data, quando foi predeterminado entre você e aquele que vai receber o dinheiro. Então, pense um pouquinho, o mais importante aqui, é que você tenha certeza que, quando contrai uma dívida, terá condições de pagá-la.

Mas por que há tantas pessoas endividadas?

Para que você entenda melhor esse sistema do endividamento, eu vou dividi-lo em três partes: a **causa**, o **meio** e o **efeito**.

Quais seriam as suas **causas**? O consumismo, a ansiedade, o analfabetismo financeiro, ou seja, a ausência de educação financeira.

Estamos num país capitalista. Exatamente isso, nós estamos numa redoma, na qual todo o mundo quer vender e quer comprar; e não tem nada errado nisso. O maior problema é: eu tenho todo o dinheiro para comprar tudo que eu quero? No momento em que eu quero? Às vezes, eu quero comprar algo, mas tenho que poupar, preciso guardar o dinheiro, saber quanto custa, quanto vou guardar do meu salário. Tudo certo? Não. Eu posso antecipar isso. E, quando antecipo essa minha vontade, eu recorro a alguns mecanismos, entre eles, o endividamento, ou seja, eu uso um **meio**.

Quais são esses meios? Cheque especial, cartão de crédito, boleto bancário, carnês, empréstimos consignados, empréstimos com amigos, empréstimo com este ou com aquele... as possibilidades são infinitas. Porque os meios existem, estão aí para serem usados. São problemas os nossos meios? Não. É lógico que os bancos e as financeiras têm o seu negócio para fazer com que esse movimento até exista. Legalmente, não tem nada de errado nisso. O que temos que saber é que esses meios podem ser até mesmo muito bem utilizados. Mas, muitas vezes, levamos isso para um caminho praticamente de insolvência. Acabamos usando muito esse crédito. E, quando usamos muito esse crédito e não pagamos, ficamos inadimplentes.

Portanto, nós já falamos das causas e dos meios, mas quais são os **efeitos** disso? Os efeitos realmente são os problemas que nós encontramos no dia a dia. Seja nos nossos lares, na nossa família; seja na empresa, no nosso cotidiano, na nossa saúde etc. Então, imagine uma pessoa que não consiga honrar com os compromissos das suas dívidas. Todo mundo fica realmente apavorado, pressionado com alguém ligando, batendo à sua porta. Isso tudo pode levar você a problemas realmente seríssimos.

Vamos pensar um pouquinho sobre a sua casa, você, o seu relacionamento com o(a) seu(sua) companheiro(a), com os seus filhos... Realmente fica tudo muito tumultuado! E isso também causa problemas de não realização de sonhos, porque não sobra dinheiro para muitas coisas, não é?

Agora vamos para a empresa. Com tudo isso, você começa a faltar, e temos problema de presenteísmo. Ou até vai trabalhar, mas não consegue se concentrar, então temos problemas de produtividade, ou seja, porque não consegue se concentrar, a sua produtividade cai demais. Isso significa que você pode até ser demitido e, consequentemente, ficar desempregado. Com isso, surge outro problema, não terá mais recursos financeiros para aqueles outros compromissos que estava honrando.

Olha só que rolo, não é? Isso tudo está levando muita gente a ter problemas seríssimos, infelizmente até mesmo ao suicídio. Então, quando você tem esses efeitos consolidados, ou seja, não tem mais como pagar as suas contas, chamamos isso de inadimplência, aliás, de estar com o nome sujo. E, ao longo deste livro, você perceberá como usar essa estratégia para mudar de vez sua situação financeira. Acredite, é possível, sim, sair desses problemas.

Estar endividado não é um problema, desde que você mantenha o equilíbrio. Fique atento às suas prestações. Ao utilizar o orçamento financeiro da

Metodologia DSOP, ele fará com que você garanta esta prestação antes das despesas. É mais ou menos assim:

Ganhos — **Sonhos / Prestações / Dívidas** — **Despesas**

Reserva Estratégica

Resumindo, antes das despesas, você já separa os valores dos sonhos e das prestações. E, além disso, para que blinde essas prestações (que chamamos de dívidas), eu recomendo que tenha uma reserva financeira, cujo valor pode ser de um a três somatórias dos seus ganhos mensais, ou seja, que disponha desse valor, para que você tenha a segurança de não atrasar as suas prestações e, principalmente, de blindar, além das prestações, também os seus sonhos.

Bem, vamos ficar atentos às dívidas. Então, sempre que comprar qualquer coisa em prestações, saiba que você pode, sim, honrá-las sem problema algum. Esse ciclo de dívidas pode, sim, ser seu aliado, desde que você tenha o controle da situação. Não deixe que essas dívidas sejam suas inimigas!

Para refletir

Conseguiu identificar por que você tem dívidas?

Das dívidas que listou no item anterior, quais foram os reais motivos de cada uma delas? Seja sincero consigo.

Imagem: freepik.com

Emprestar o seu nome é um grande risco!

Conheça os riscos ao emprestar o seu nome.

O meu pai me dizia, lá quando criança: "filho, o seu nome é o que você tem de maior patrimônio na sua vida". E isso é a mais pura verdade, o meu pai estava com a razão. Você nunca deverá ou não deveria ter emprestado o seu nome para qualquer pessoa que seja, nem mesmo para os seus filhos ou para o(a) seu(sua) companheiro(a). Esse é o seu nome. Por isso, quando alguém for buscar por esse auxílio, falando que está com o nome dele(a) sujo, que está com um problema, recomende este livro, para que essa pessoa possa cuidar melhor dos próprios recursos financeiros.

Pegar o seu nome e emprestar para uma terceira pessoa significa você entrar no mundo dela. Pense um pouco. Se ela vem buscar o seu nome emprestado, é sinal que o nome dela já deve estar negativado, isto é, sujo. Então, se não cuidou do nome dela, imagine se vai cuidar do seu nome. É lógico que não. E o que é mais grave: que segurança você tem? Nenhuma! Ah, eu vou fazer um contrato. Legal, mas você não é um banco, você não é uma financeira. Como é que vai fazer um contrato? Ok, você deve fazer um contrato, mas e se a pessoa a quem emprestou o seu nome não pagar, qual a sua garantia? Ela já estando negativada, não deverá ter nenhum bem para lhe oferecer como garantia, para levar a você alguma segurança.

Então, convenhamos, precisamos ficar muito atentos. E, quando isso acontecer, o melhor mesmo a fazer é dizer NÃO. Não, porque você está cuidando melhor do seu nome quando nega. Mas podemos ajudá-la? Sim. Podemos buscar **a causa** que levou o nome dessa pessoa a ser negativado, ou seja, estar com o nome sujo. Portanto, o caminho é a educação financeira, mas nunca o empréstimo do seu nome.

Eu já presenciei muitas pessoas perderem os seus patrimônios – e não foi pouco não –, porque confiava em outra pessoa, porque era o(a) seu(sua) superamigo(a), uma pessoa de anos de confiança. Mas, quando se trata de nome, não há tempo. Existe, sim, a responsabilidade de honrá-lo e nunca emprestá-lo, porque, quando isso acontece, você não só perde o dinheiro, também perde um amigo, um parente, enfim, o seu próprio nome.

Essa situação você vê acontecer todos os dias, principalmente para uma compra, às vezes, de valor agregado não muito alto. Ouvir "me empresta o seu cartão de crédito, para eu comprar isso ou aquilo" é muito comum. Eu comprei no meu cartão, não comprei no nome de um terceiro, mas comprei aquilo que não precisava, com um dinheiro, muitas vezes, que nem tinha, ou seja, o meu dinheiro estava contado, a fatura que ia vencer, aí aquele terceiro pediu para eu comprar no seu nome e disse que pagaria no mês seguinte.

Pense um pouco! Se essa pessoa está pedindo isso, é provável que ela já não tenha mais saúde financeira, que ela já esteja quase no seu ponto de desequilíbrio, que já não consiga mais honrar os seus compromissos e esteja buscando um nome de um terceiro para poder honrar os compromissos dela. E você, muitas vezes, entra nesse processo porque "ah, nós não podíamos negar para essa pessoa, ela já nos fez um favor outra vez". Por favor, não entre nesse jogo. Ele é perigosíssimo.

Então, já que você vai fazer alguma boa ação, doe esse valor para a pessoa, é mais fácil. Pelo menos, não terá problemas de ela poder retornar. Se é para uma pessoa que é bacana, para alguém por quem você tenha muita gratidão, então não empreste não, doe para ela. Você estará sendo generoso, não criará expectativas e a deixará à vontade.

Não se esqueça: é preciso que **se combata a causa do problema financeiro. De nada adianta remediá-lo**. Senão, pega-se dinheiro com uma pessoa, com uma outra, e vai fazendo dívidas que não vai conseguir pagar. Por isso, a educação financeira é tão importante, para buscar a causa do problema financeiro. Investir num curso, num livro de Educação Financeira para sair de dívidas, como este, pode ser um dos caminhos.

Proteja o seu nome, o patrimônio que um dia o seu pai/a sua mãe colocou na sua certidão de nascimento. Ele tem valor, sim. Todos os nossos nomes têm valor. Por isso, tenha muito respeito pelo seu nome.

Fiador, ser ou não ser?

Fiador, ser ou não ser? Eis a questão!

Ser fiador de alguém é o mesmo que assinar um cheque em branco para essa pessoa. Isso é muito comum nas locações de imóveis e nos financiamentos. Muitas vezes, é preciso ter um avalista, um fiador que lhe avalize e faça com que a operação seja aprovada. Quando você se torna um fiador, está assinando embaixo do compromisso de pagamento. Se tem bens, está colocando-os como garantia, o que o leva a necessitar ter extremo cuidado.

Eu já fui fiador muitas vezes e para diversas pessoas. De modo geral, quase não tive problemas, mas, numa delas, fiquei com um prejuízo de mais de 50 mil reais. E tive que pagar, sim, porque, naquele caso, eu tinha "assinado o meu cheque em branco" validando o cara que não pagou a conta, e ela ficou para mim.

Por isso, pense um pouco, veja para quem você está fazendo esse favor e, é claro, não se esqueça de fazer as suas contas. Se o bem que tem, que está oferecendo como garantia, é um bem importante para você, fique atento, pois poderá deixar de tê-lo por um problema ou outro e, o que é pior, por um problema de um terceiro, que não lhe pertence.

Não estou aqui para dizer se você deve ou não ser fiador, mas para alertar que existem, sim, riscos e que vai corrê-los no caso de se tornar um fiador. É importante que entenda o contexto da situação. Para quem está fazendo esse favor? Essa pessoa tem mesmo condições de honrar com o compromisso? Às vezes, é um compromisso de anos. Por isso, você deve ficar muito atento a essa prática muito utilizada pelas pessoas.

Existem outras alternativas, como o seguro fiança. Essa modalidade vem crescendo ano a ano, e isso tem deixado os fiadores com mais tranquilidade. É uma alternativa que tem um custo, em média, de 10% do valor do aluguel no ano. Por exemplo: para um aluguel de R$ 1.000,00, multiplique este valor por 12 meses. Estamos falando de R$ 12.000,00, isto é, os 10% equivalem a R$ 1.200,00 de custo do seguro fiança. Nesse caso, é mais do que um aluguel a mais no ano. Por isso, as pessoas acabam optando pelo fiador, que não custa nada. Porém, aquela pessoa está confiando em você para avalizá-lo, caso não pague, corre um risco pleno, ou seja, ela vai ter que arcar com o prejuízo.

Então, para concluirmos esse tema, quero ressaltar que ser fiador não é um problema. Aliás, ajudar um amigo ou um parente é muito legal e positivo. Contudo, você precisa ficar atento, porque se a pessoa a quem quis ajudar não pagar, você pode estar perdendo não só o seu dinheiro, mas também o seu amigo e/ou parente.

A dívida pode fazer você perder o emprego!

A dívida pode ser a grande responsável pela perda do seu emprego.

Nada está tão ruim que não possa piorar. Essa é a realidade de muitas pessoas que perderam os seus empregos pela dívida. Você pode achar que isso não tem lógica, mas tem sim. Há muita gente até pedindo para ser demitida para pagar dívidas.

Já parou para pensar? Deve ter um amigo que passou por isso, ou quem sabe já aconteceu com você. Aquelas pessoas que estão sendo pressionadas pelas instituições financeiras, pelas empresas de cobrança e até mesmo por um agiota e, com essa pressão toda a todo momento, acabam pedindo as contas. Isso mesmo, pedem demissão. Por quê? Para pagarem a dívida.

O que é mais interessante é que elas pegam a remuneração da sua rescisão contratual, da sua indenização trabalhista, vão até aqueles credores a quem devem, muitas vezes pagam toda a dívida, outras a pagam parcialmente, e depois ficam sem recurso nenhum, sem dinheiro algum.

Calma! É muito importante você ter calma nessa hora, porque, se você pegar o seu dinheiro, o recurso da sua rescisão de contrato de trabalho, quitar todas as suas dívidas e ficar sem nenhum recurso, nada de capital, aí, sim, o caos estará instaurado.

Há também aquelas pessoas que não pedem a demissão, mas estão em areia movediça, se afundando na dívida, sendo pressionadas, perdendo a produtividade, "com a água até o pescoço" – você já deve ter ouvido essa expressão. Então, as chefias, as gerências, os donos das empresas começam a olhar para esses funcionários, percebem que eles não estão produzindo mais como antes, que estão com problemas, que toda hora recebem telefonemas, ou saem para buscar algum outro recurso, ou estão trabalhando em outro lugar para poder receber mais e honrar os seus compromissos, e o que acontece? Esses empregados podem ser demitidos. E, se forem demitidos, eles ficarão sem trabalho, e pessoas que estão endividadas, sem trabalho, são um grande problema a ser resolvido.

Bom, o caminho errado eu já apresentei, agora como é que se resolve esse problema? É preciso, sim, ter muita calma. "Calma? Como ter calma se estou endividado, se estou quebrado? E você vem falar calma para mim?" Calma, sim! Porque você precisa manter o equilíbrio. Não adianta entrar em pânico nessa hora.

Busque o RH da sua empresa. Se a empresa for pequena, vá procurar o seu patrão mesmo. Sente-se na mesa dele, ou do responsável no RH, e peça uma ajuda. Essas pessoas têm mais experiência e podem lhe conduzir, orientar. Pode ser que exista um crédito consignado na empresa, que tenha um convênio com o banco..., e você pode pegar um atalho aí, ou seja, um caminho alternativo. Fazer com que aqueles juros altos saiam e entre um crédito consignado.

Mas essa não pode ser a única solução. É preciso mudar o quê? O padrão de vida. Mudar o padrão de vida significa dar passos, às vezes, para um degrau abaixo, ou seja, descer um degrau na sua vida, no seu custo de vida. "Mas isso vai doer?" Sim, vai doer, mas é melhor você fazer com consciência, do que não fazer, entrar em uma situação de demissão e, com isso, não ter outra solução.

Ter dívidas não é um bicho de sete cabeças. Só não se pode deixar esse negócio virar uma bola de neve. Você precisa intervir. É mais ou menos isso: você tem que dar um cartão vermelho para essa situação. Pare tudo e vamos começar de novo. Como? Fazendo com que você pense que ter dívida não é um problema. Comece por aí. A sua dívida é algo que você contraiu, que comprou além do permitido, ultrapassou sua capacidade de pagamento.

Excelente! Você não estava educado financeiramente, e eu aqui neste livro quero lhe educar.

Nesse ponto, eu quero enfatizar aqui que não existe situação que não possa ser resolvida. Chegou a hora de você mudar o seu destino tomando as atitudes necessárias e educando-se financeiramente. Não tenha medo! Eu digo que você tem que pensar positivo e emanar coisas bacanas e otimistas. "Mas eu estou endividado!" Ok, eu entendo. Pense positivo mesmo assim. Estar endividado é um estado que você pode mudar a qualquer momento, então, a partir de agora, seja positivo e tome uma atitude. Lembre-se, você não nasceu endividado, tornou-se um endividado e, por isso, pode sair dessa situação. Eu confio em você.

Antecipar parcelas das dívidas é um erro!

Antecipar financiamentos? Nada disso. E eu vou falar por quê.

Muita gente tem as seguintes dúvidas:

- Eu tenho uma dívida, tenho o dinheiro, devo antecipar ou não o pagamento?

- Os juros estão caindo, mas eu estou com um empréstimo, um financiamento, e quero saber o que faço agora. Devo ganhar menos que 0,5% na poupança, pagando 1%, 1,5% naquele financiamento?

- Se tenho o dinheiro disponível, antecipo ou não o pagamento? Uso o Fundo de Garantia ou não para fazer essa antecipação?

Vamos começar falando sobre o que é o dinheiro para você. Por que eu falo em dinheiro? Porque é ele que vai estar nesse meio de campo, entre você ter o dinheiro guardado e ter o dinheiro para quitar ou antecipar determinada dívida.

Imagine que você comprou uma casa financiada por 30 anos no valor de 100 mil reais. Se pensar um pouquinho, vai falar assim: "bom, durante 30 anos, vou pagar as prestações." A primeira pergunta a fazer é: essa prestação cabe no seu orçamento? Depois: estou conseguindo pagá-la em dia? Se as respostas forem sim, então, está tudo certo.

Aí, você ganha 100 mil reais e faz uma aplicação financeira, ou seja, do mesmo valor do tal financiamento, e fala assim: "Bom, agora eu não quero mais ficar devendo." E pega esse dinheiro, que estava lá líquido, guardado, mesmo rendendo menos que 6% ao ano, e simplesmente resolve quitar a sua dívida. Aparentemente, parece que está tudo certo. Você agora se livrou da dívida. Porém quanto dinheiro tem? Zero, não tem mais dinheiro algum. "Como assim, Reinaldo? Não tenho mais dinheiro, mas também não tenho dívida!"

Vamos analisar o seguinte: nós estamos num país bastante instável economicamente, politicamente e financeiramente. Ficar sem reservas financeiras, ficar sem dinheiro guardado é altamente perigoso. Por quê? Porque eu não tenho sustentabilidade. A condição básica da educação financeira está na sustentabilidade, em você ter dinheiro guardado. A reserva é algo fundamental.

Então, quero lhe dizer o seguinte: para você não pagar aquela dívida.

"Mas, Reinaldo, estou pagando 1,5% de juros, e você está falando para eu ficar ganhando 0,5% de juros?"

Eu estou falando exatamente isso. Não é uma conta de economês, é uma conta de Educação Financeira. É algo que você precisa aprender.

Sempre tive dívidas. "Como assim? Você não é independente financeiramente?" Sou mesmo. Sabe por que eu sou independente financeiramente? Porque eu sei administrar as dívidas de forma inteligente. Sempre tive as dívidas sob controle pagando-as em dia. Mas os juros eram maiores do que aquele ganho da minha aplicação financeira? Sim, sempre foram. Porém uma coisa é importante: **usar a dívida ao seu favor é um dos pré-requisitos para a sua independência financeira**. Sabia disso?

Então é o seguinte: **quando tiver uma dívida, respeite-a**. Você assinou um contrato de 20 ou 30 anos pela frente e vai continuar pagando esse compromisso, mês a mês, com tranquilidade. O seu orçamento financeiro pode estar com dinheiro sobrando.

Se você tem contratos de casa própria, por exemplo, tem financiamentos cujas prestações vão caindo ao longo do tempo, ou seja, o impacto desses pagamentos sobre o seu ganho mensal líquido será cada vez menor. Então eu pergunto: Por quê você tomaria a decisão de pagar antecipado as prestações, que diminuem seus valores ao longo dos anos, e deixar de ter a oportunidade de conquistar uma reserva, que pode ser para seus sonhos ou até para a sua independência financeira?

> **Ana Luiza Neiva de Almeida** 3 meses atrás
> Adorei! É tudo que eu sempre tentei explicar com a minha lógica mas não tenho a sua técnica pra isso! Parabéns acompanho o seu trabalho a muitos anos.
> Li o seu livro quando ainda estava na faculdade de arquitetura e urbanismo para me preparar pra vida de adulto! Imediatamente fui ao banco fiz a minha previdência privada com o dinheirinho da monitoria e de estágio q eu fazia!
> Seguindo seus conselhos por todos esses 12 anos estou casada com uma filha e estáveis (não temos a independência financeira ainda.. mas é o foco) mas temos previdência privada para os 3 dinheirinho guardado e nosso ap financiado... como todos falam hj de quitar dividas e eu não concordo estou revendo seu material e fascinada de ver que estava certa de discordar de todos sobre quitar a única divida q temos q é a do ap! Muito obrigada!
> Mostrar menos
> 👍 1 👎 RESPONDER

Quem tem poder econômico e financeiro tem dinheiro guardado. Não tem dívida quitada, não. Eu falo isso com muita propriedade. Quando comprei o meu primeiro apartamento, tinha duas, três vezes mais que o valor desse apartamento. Sabe que eu fiz? Fiz um financiamento de 80% do valor do imóvel. Dei 20% de entrada, mobiliei o apartamento, fiz todas as instalações, enfim, continuei com o meu dinheiro aplicado. Ah, mas foi muito bom, porque fui realizar outros sonhos.

Esse tema é tão importante! As pessoas acabam dizendo que vão liquidando as dívidas e ficando sem elas, mas também sem os seus sonhos. Por isso, ter aquela reserva significa ter a possibilidade de realização de outros sonhos. E que outros sonhos são esses? Ter o seu carro trocado a cada três, quatro ou cinco anos; fazer aquela viagem anual ou semestral ou até mesmo de dois em dois anos, aquela grande viagem; ter a sua aposentadoria sustentável.

Veja, você está antecipando dívidas e deixando de ter a sua sustentabilidade lá na frente? Hoje, só 6% da população brasileira ativa guardam dinheiro para a sua aposentadoria sustentável. A grande maioria está querendo quitar as suas dívidas, que já são consolidadas, que já estão aprovadas. Pense nisso. Vamos acabar com isso agora.

Não use o seu Fundo de Garantia para ficar quitando dívidas de financiamento. Aquele dinheiro em garantia é para a sua reserva, para o futuro, ou para a sua segurança, caso a sua empresa venha a demiti-lo(a). Pense um pouco! É isso o que eu quero dizer.

As pessoas acham que, economicamente, deixar de pagar 1,5%, para deixar de ganhar 0,5%, tecnicamente, na economia, na matemática, nos juros compostos, está certo. Mas eu não estou falando de juros compostos. Na Educação Financeira, falo de comportamento, de sustentabilidade do ser humano, porque um banco, por exemplo, nunca comprou uma agência? Talvez você não saiba disso. Porque ele pegou alguém, um investidor, e colocou o projeto na mão dele. O investidor é quem cria todo aquele imóvel, compra o terreno, as instalações e entrega para o banco. Este apenas assina um contrato de dez anos de aluguel. Quanto dinheiro, efetivamente, o banco colocou naquele investimento? Nada, simplesmente nada. Banco não faz isso, por que você faria?

Por favor, não ande de lado, não fique na zona de conforto. Acorde para essa situação. Pode buscar entre os seus amigos, no seu entorno. Grande parte deles fica querendo antecipar dívidas. E não é só dívida de compra de imóvel, não, é dívida do carro, daquele financiamento, daquele empréstimo que está pagando... "Agora eu tenho dinheiro, vou liquidar o empréstimo." Não! Deixe a coisa lá andar até o fim e você fica com o dinheiro na mão. Está entendendo? Dinheiro na mão! Oh, meu Deus! Até quando será que nós continuaremos pensando pelo economês?

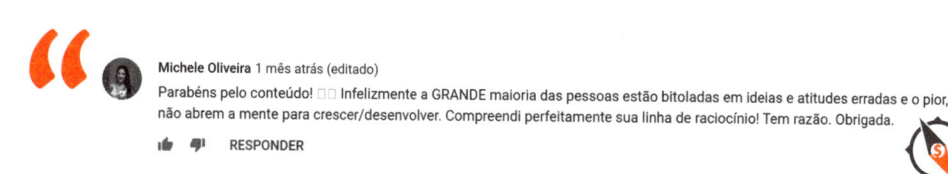

> **Michele Oliveira** 1 mês atrás (editado)
> Parabéns pelo conteúdo! 👏👏 Infelizmente a GRANDE maioria das pessoas estão bitoladas em ideias e atitudes erradas e o pior, não abrem a mente para crescer/desenvolver. Compreendi perfeitamente sua linha de raciocínio! Tem razão. Obrigada.
> 👍 👎 RESPONDER

O que eu mais quero aqui é que você tenha a felicidade, o prazer e os seus sonhos realizados. E, com esses sonhos, que possa realmente fazer com que a sua família, efetivamente os curtam, e não deixe de passar por esses momentos, simplesmente porque está lá, antecipando dívidas, porque isso não teria o menor sentido.

Bom, acredito ter passado a minha mensagem sobre a antecipação de dívidas. Tenha dívidas sustentáveis e com dinheiro no seu bolso. Se até hoje as pessoas fizeram do jeito delas, antecipando dívidas e não conseguiram êxito em suas vidas financeiras, porque não fazer diferente daqui para frente. Pense nisso!

Portabilidade: pagar menos juros garante a realização de mais sonhos

Você tem dívida(s)? Isso é sinal de que paga juros. Então, vamos aprender a como pagar menos juros?

Estar endividado não é um problema. Como é que é isso? Porque alguém ter dívida faz parte do ciclo do capitalismo, das conquistas. Por que não financiar uma casa própria? Por que não financiar um carro? Não há nenhum problema nisso. Ah, eu vou pagar juros? Ok.

O meu objetivo aqui é lhe ensinar a pagar menos juros. Por quê? Você precisa saber que sempre existe, sim, um lugar onde os financiamentos, às taxas de juros são menores. E, é lógico, vai ter que fazer pesquisas, vai ter que perguntar para os amigos... porque são muitas as pessoas que acabam pegando dinheiro de primeira, só porque precisa, que já sai buscando crédito, independentemente das taxas.

Aliás, tem sido uma dificuldade saber exatamente quais taxas de juros você paga naquele financiamento, naquele empréstimo, naquela dívida que contraiu. É mais ou menos assim também no universo dos investidores. Às vezes, as pessoas fazem uma previdência privada e não sabem qual a taxa de administração e se têm ou não taxa de carregamento. E você sabe quanto paga de tarifa pela sua conta bancária? Não estou falando só de juros. Todo esse dinheiro vai embora, e você que paga a conta.

Para a pessoa que já está devendo, existe a tal portabilidade, em que se troca o crédito mais caro de uma instituição por um crédito mais barato de outra. Por isso, pagar taxas de juros menores é uma alternativa. Mas não fica por aí, não. Você ainda pode buscar outras opções.

Às vezes, tem um amigo ou um parente que está ganhando os juros da caderneta de poupança ou até mesmo de um CDB, e você está pagando juros de 7% ou 10% ao mês. Por que não buscar a ajuda dessa pessoa? Talvez seja uma decisão dura, porque você vai ter que abrir o seu coração, contar que está com um problema. Mas, se essa pessoa for realmente sua amiga ou aquele familiar que você sabe que pode lhe ajudar, por que não tomar essa decisão?

Outra opção são as instituições financeiras e, algumas vezes, até mesmo uma *factoring*. Parece assim, um pouco difícil, mas existem *factorings* que cobram muito mais barato do que os próprios bancos. Sabia disso? É verdade. Pesquisar, saber buscar realmente a melhor taxa de juros vai lhe ajudar bastante.

Observe: em alguns momentos da nossa economia, percebemos a ciranda do sobe crédito, desce crédito. A Selic (taxa básica de juros do Brasil) já esteve entre 6,5% e 14,25%. Todos aqueles empréstimos e dívidas contraídos quando a taxa estava em 14,25% podem ser objeto de uma revisão, de uma análise. Recomendo que você também faça a sua, se ainda não a fez, pois pode estar pagando 14,25%, enquanto a taxa está em 6,5%, por exemplo.

Então, quanto mais descer a taxa Selic, mais será fácil buscar uma taxa de juros menor. Fique atento, porque essa é uma decisão que só você pode tomar. Para ter uma ideia, veja aqui como é importante procurar uma taxa de juros menor. Vamos falar de duas taxas, uma de 10% e outra de 3% ao ano. Imagine essa diferença em dez anos? Quanto isso significa no seu bolso?

	Dívida de R$ 1.000,00	
Tempo	3%	10%
1 ano	R$ 1.468,53	R$ 3.452,27
5 anos	R$ 6.068,35	R$ 334.929,80
10 anos	R$ 35.752,32	R$ 101.979.975,70

Comece a sua lição de casa. Saia das dívidas com consciência. Porque as dívidas com consciência não são um bicho de sete cabeças. Mas precisam, sim, ser cuidadas com muito carinho. Então, só para lembrar, estar endividado pode ser uma necessidade, mas sair dessas dívidas, sem dúvida alguma, é uma escolha.

> **Para fechar esse capítulo, destaco estes dois conceitos:**
>
> - *Dívidas:* tudo aquilo que é adquirido a prazo, cujo vencimento será honrado na data estabelecida.
> - *Inadimplência:* tudo aquilo que é adquirido a prazo, cujo vencimento não foi honrado na data estabelecida.

COMO UTILIZAR O CRÉDITO COM CONSCIÊNCIA

Assim como ganhamos dinheiro e gastamos, quando temos a oportunidade de adquirir algo, tendo ou não o dinheiro para pagar, o crédito pode ser uma opção interessante. E, para conscientizar sobre essas vantagens e desvantagens do crédito, a seguir, elenquei alguns tópicos que julgo serem relevantes para a utilização desses créditos com consciência.

1º salário = 1ª dívida? Cuidado com o crédito fácil!

O meu primeiro salário, a minha primeira dívida? Não precisa ser assim.

Quero falar com você, jovem que está entrando no mercado de trabalho, e com você que é pai/mãe ou responsável e tem o seu filho também adentrando no mercado de trabalho e prestes a receber o primeiro salário.

Não sei se você já percebeu, mas nós temos um problema crônico na sociedade. O jovem, quando recebe a sua mesada, para as suas baladas, ele não tem crédito, portanto não tem dívida. Porém, quando recebe o primeiro salário, seja um jovem aprendiz ou estagiário, ou um empregado com o primeiro registro CLT, ou até mesmo um funcionário público, é incrível como ele já sai comprando tudo. Compra o tênis, a camiseta de marca, o celular, o videogame. E já faz uma ótima prestação, não importa.

Ele já começa o **ciclo do ser inadimplente**. O que é isso? Ele vai comprar a prazo porque ele recebeu muitos créditos e não têm educação financeira, não têm consciência financeira. O modelo dele, lá atrás, foi de pegar o dinheiro, aquele primeiro dinheiro de quando era criança, e gastar tudo em chocolate, bala e sorvete. Quando jovem, na balada, recebe o dinheiro dos pais também, consome todo esse recurso. Então, é preciso mudar esse modelo mental, para não entrar na cilada do crédito fácil.

Mas, um momento aí, espero que os jovens não me chamem de tio chato e pensem "poxa, o dinheiro é meu, e quer falar o que eu devo fazer ou não com ele?". Eu não estou falando isso, estou falando para haver esse equilíbrio. É muito legal consumir, é um desejo só da pessoa e é realmente prazeroso. Agora, será que os jovens precisam mesmo gastar tudo? Será mesmo? Será que não terão outros desejos que talvez, não consigam realizá-los se consumirem todo o dinheiro e mais o crédito? Quando nós buscamos um crédito, estamos usando o dinheiro de um terceiro.

Então, os jovens precisam realmente parar, refletir e saber quais são os seus verdadeiros desejos e sonhos. Consumir todo o recurso financeiro e buscar ainda um crédito fácil é a solução? Eu tenho certeza de que não mesmo! Por isso é que precisamos fazer com que os nossos desejos e sonhos estejam em primeiro lugar.

Vamos organizar, primeiramente, a mente do jovem. Sabendo que, no mês anterior, ele não recebia nenhum salário e que, a partir deste mês, ele receberá 100% do seu salário. O que esse trabalhador pode fazer? Pegar metade do pagamento e falar: "eu vou consumir, sim". Agora, a outra metade precisa pensar em poupar, guardar para outros desejos, a curto, médio ou longo prazo. Estou falando até mesmo de comprar um carro, fazer uma viagem, buscar por uma aposentadoria sustentável. Não importa o que se quer, o que se deseja, mas é importante que o jovem já tenha esta primeira reserva financeira para a realização dos seus sonhos.

Atenção, todos os jovens! Vocês terão, sim, muitas oportunidades de comprar a prazo. Chamamos isso de crédito. Vão ter um crédito que pode ser utilizado e que tem taxas interessantes, mas sempre atrelado a alguma coisa que desejam e que necessitam também. Vai haver aquele crédito do qual vocês deveriam fugir, por exemplo, usar o rotativo do cartão de crédito, usar o limite do cheque especial etc., que têm juros praticamente impagáveis quando você os utiliza.

Está na hora de você realmente fazer as suas escolhas. Ter crédito não é um problema. Ter crédito com consciência pode ser uma vantagem. E o seu primeiro salário precisa, sim, ser valorizado. Lembre-se que a primeira impressão é a que fica, então, quando você utiliza o seu primeiro salário de forma coerente, de forma educada financeiramente, eu não tenho dúvida, todos os seus sonhos, no futuro, serão realizados, até mesmo aqueles de curtíssimo prazo.

Então, observe esses ensinamentos, controle os seus recursos financeiros, os do seu primeiro salário e de todos os que virão, para que você possa ter uma vida saudável e sustentável financeiramente e, mais do que isso, nunca depender dos outros, somente do seu próprio esforço.

Ter dinheiro não tem segredo!

Crédito consignado? Cuidado para não piorar a sua situação!

O empréstimo consignado é um inimigo ou um aliado?

Empréstimo consignado, sem dúvida alguma, tem sido uma das alternativas para o pagamento de juros mais baixos. Mas isso não tem resolvido o problema real das pessoas que tomam esse tipo de crédito. Quem são essas pessoas? São trabalhadores da iniciativa privada e pública, e os aposentados.

O empréstimo consignado vem crescendo, ano após ano, nas instituições financeiras, ou seja, as pessoas estão buscando mais e mais esse tipo de crédito.

Mas o que seria o crédito consignado?

Trata-se de uma linha crédito, um empréstimo, cuja finalidade é uma quantia disponibilizada para aqueles trabalhadores, aposentados e pensionistas que, de alguma forma, precisam desse recurso, seja para alguma necessidade ou até para oportunidades.

E o que acontece quando alguém toma esse tipo de empréstimo consignado? O problema maior está no seu padrão ou custo de vida. Por exemplo, se uma pessoa que recebe uma remuneração, salário ou mesmo um benefício do INSS (que é o caso dos aposentados) de R$ 1.000,00 e pega um certo valor de empréstimo e tem um desconto de 30% sobre esses R$ 1.000,00 todo mês, isso vai significar, consequentemente, uma redução do seu padrão de vida, logo no mês subsequente, de 30%. Imagine que ela vivia com R$ 1.000,00 líquido e, a partir do próximo mês, terá que viver com R$ 700,00. Como essa pessoa vai fazer, se antes tinha dificuldade para viver com R$ 1.000,00 e agora terá que viver com R$ 700,00?

Esse tem sido um dos grandes problemas enfrentados pelos nossos trabalhadores e aposentados no Brasil. Portanto, é importante ficar muito atento.

Mas essa será mesmo uma opção tão ruim assim? Não. Qual é o critério mais adequado para você buscar por esse empréstimo consignado? É ter a certeza de que, quando decidir fazê-lo, deve envolver a sua família e reduzir o seu custo de vida – no caso exemplificado, em 30%.

A pergunta que fica é: Será que eu vou conseguir?

> **Andreza Vieira** 2 meses atrás
> Foi ótimo conhecer seu canal, estou amando seus vídeos, quem pudera ter tido uma educação financeira desde criança, tenho 32 anos e não tenho nada, hoje que estou aprendendo o que é educar e investir, mas nunca é tarde né!? Obrigado e que Deus lhe abençoe.
> 👍 👎 💬 RESPONDER

Daí a importância da educação financeira. Chamar todos da família para uma reunião e apresentar o problema – caso haja criança presente, falar de forma lúdica – e dizer que uma das soluções será buscar um empréstimo. É imprescindível o envolvimento da família. Essa decisão deve vir o mais rápido possível, pois, quanto mais você prorrogar a solução, pior poderá ficar a sua situação, visto que, caso não busque esse crédito com juros menores, poderá cair nos juros maiores, como é o caso do cheque especial e das financeiras.

É fundamental que o problema seja analisado e sanado por completo, porque muitos são os casos em que o crédito consignado é contraído para sanar outros empréstimos com taxas de juros maiores. E isso nem sempre acaba bem. A pessoa contrai o consignado, não paga o cheque especial estourado e acaba ficando com duas dívidas.

Então, é fundamental que, em caso de empresas, as áreas de Recursos Humanos, fiquem atentas para essa situação, porque os trabalhadores não estão educados financeiramente. E, no caso dos aposentados e pensionistas, estes estão ainda mais vulneráveis, pois geralmente não têm ninguém para auxiliá-los.

Outro ponto muito importante no crédito consignado é que se você está trabalhando em determinada empresa, de repente, tomou um empréstimo consignado e, por algum motivo, a companhia passou por alguma dificuldade financeira e você veio a ser demitido. A sua rescisão do contrato de trabalho vai trazer 30% do seu valor total com o abatimento direto daquele crédito consignado que você tomou. Aí, a representatividade disso pode ser maior, ou seja, você está deixando 30% da sua verba rescisória, da sua indenização pela demissão. E isso também é outro problema.

Além do mais, você terá, ainda, dependendo do momento em que isso aconteça, um valor a ser negociado com o banco posteriormente. Isso tem acontecido muito com relação aos empregados no Brasil. As pessoas tomam um crédito consignado e são demitidas. Então, elas ficam com 30% a menos na rescisão e com um passivo, um valor que ainda terão que honrar posteriormente, que as leva a uma preocupação ainda maior.

E há também as pessoas que garantem esse empréstimo, para pagar menos juros, com o seu Fundo de Garantia (FGTS). Com isso, elas pagam, sem dúvida alguma, um percentual menor de juros. Mas, se forem demitidas, não terão os 40% para receber de multa do Fundo de Garantia, porque esse valor será utilizado integralmente, mais 10% do saldo do fundo, para saldar o empréstimo consignado. Resultado: a pessoa pode sair sem essa remuneração também quando for demitida, e isso tudo vai causando um grande estrago na sua vida.

Então, para fechar esse tema, é importante que você tenha, sim, o crédito consignado como um aliado. Principalmente, quando tem um cheque especial ou um cartão de crédito estourado. Aliás, no caso do cartão de crédito, há até uma liberação acima de 30%. Você pode usar até 35% do seu salário para fazer uma negociação e sair dos seus problemas.

Tudo isso leva você a uma grande reflexão: tomar um crédito consignado significa tirar da sua própria carne uma parte do seu ganho mensal, direto, na fonte, no seu holerite, ou, se você é um aposentado, do seu benefício mensal. Pense nisso. Porque, sem dúvida alguma, os juros são menores, mas o impacto com relação ao seu padrão e ao seu custo de vida é realmente arrebatador. Atenção redobrada com o crédito consignado!

Empréstimo on-line é uma boa?

Ao acessar os nossos computadores, os nossos smartphones, ou mesmo consultar os nossos saldos bancários e até durante os saques em caixas eletrônicos, percebemos que é muito fácil ter acesso ao crédito. Isso é uma oportunidade ou uma ameaça?

Como é fácil pedir dinheiro emprestado! No passado, o acesso era mais difícil. Você ia lá sentava com o gerente, tomava café, aguardava, ligava perguntando se havia sido aprovado, fazia toda aquela linha de pensamento positivo – "Tomara que dê certo!" –, até chegava a fazer algumas orações – "Tomara que o gerente aprove, para eu obter aquele dinheiro." – e, quando ele aprovava, era uma festa. Pergunte para os seus pais e avós, caso eles tenham utilizado esse recurso. O gerente era visto como o salvador da pátria.

O tempo passou. Com o advento da tecnologia, tudo ficou mais fácil, até mesmo se endividar com muita agilidade. Em poucos cliques, o empréstimo é efetivado e o dinheiro está disponível. O problema vem depois, visto que, nem sempre, esse novo compromisso estava planejado. E, com isso, o orçamento financeiro fica no vermelho.

Mas não podemos culpar o sistema financeiro por essas facilidades, devemos, sim, aprender a utilizar essas importantes ferramentas, que, se bem entendidas, pode ser um grande benefício. Lembre-se: atrás de uma grande facilidade, pode estar uma grande ameaça ou oportunidade.

As facilidades não param por aí. Com o seu celular, por meio dos aplicativos, você pode controlar o seu dinheiro, pode pagar, receber, endividar-se, entre outras coisas. Não podemos, de fato, pensar que isso é ruim. É preciso ter educação financeira e ficar conectado ao seu comportamento e hábitos.

Fazendo uma analogia lá com o passado, você tinha o gerente e ia até ele: "Gerente, pelo amor de Deus, não vou conseguir pagar aquele empréstimo que você me concedeu. E agora?" ou "não consigo pagar, como é que eu faço?" O gerente sempre era um amigo do cliente, fazia alguma coisa para ajudar, fazia uma linha aqui, outra ali. E agora, para quem eu vou pedir ajuda? Para o computador? Para o Chapolin Colorado? Para o on-line da vida? Não, não dá. Você vai ter que pagar essa conta.

Com essas facilidades, já somamos mais de 60 milhões de brasileiros inadimplentes. É lógico, temos a facilidade no crédito, mas, para pagar, não é bem assim, não é tão fácil assim, porque dinheiro, para conseguir, tem que trabalhar, tem que ralar e guardar, principalmente.

É preciso que você valorize o seu dinheiro, porque ele não aceita desaforo.

Elenquei alguns passos para que possa evitar cair nessa cilada do crédito fácil:

1º passo: É preciso saber se você precisa ou não desse dinheiro.

2º passo: Essa prestação deverá caber no seu orçamento financeiro.

3º passo: Pesquisar pela menor taxa de juros do mercado.

4º passo: Buscar pela verdadeira causa do problema financeiro. É preciso combatê-la.

5º passo: Não deixar com que isso se torne um ciclo vicioso. Geralmente, as pessoas, acabam entrando nos seus empréstimos e dívidas e não conseguem sair delas.

Parcelar a fatura do cartão de crédito? Conheça os riscos

Chegou a minha fatura do cartão de crédito e não consigo pagá-la. Parcelo ou não?

Esse é um problema de muita gente que compra, compra e compra. É claro, é fácil comprar, não? É só passar o cartãozinho. Contudo, isso tem levado muita gente à quebra financeira, isso mesmo, à falência. Por quê? Porque chega aquela fatura super alta, com todo aquele valor, mas não tem o dinheiro para pagar. Essa não é uma dúvida isolada, não; são muitas pessoas nessa situação e que não sabem como agir, o que fazer. E eu tenho certeza que posso lhe ajudar a partir desse momento.

A fatura chegou. Então é hora de falar sobre qual caminho tomar.

1ª atitude: Conferir a fatura. Verificar se o que está nela é o que você de fato comprou e, se houver parcelamentos, checar se essa parcela não foi cobrada em duplicidade.

2ª atitude: Saber se você tem ou não o dinheiro todo para pagar. Se tiver, logicamente pagar a fatura é o melhor caminho.

3ª atitude: Caso não tenha todo o dinheiro para quitá-la, é hora de buscar o recurso para isso em outro lugar – empréstimos mais em conta, com juros mais baixos. Mas é preciso pesquisar, buscar mesmo – empréstimos consignados, os créditos pessoais etc. É fundamental que você pesquise. Porque, mesmo assim, há juros que são altos, principalmente no crédito pessoal.

Sophia Wadt 2 meses atrás
Esse vídeo simplesmente mudou a minha vida! Obrigado 🙏 muito bons pontos e bora respirar fundo e continuar a seguir a nossa história! Não vou mais me estressar e surtar com as dívidas até pq se não vivemos e temos calma nunca conseguiremos sair das dívidas não é mesmo? Calma credores seus lindos, eu vou pagar vcs, só tenham um tiquinho de paciência mais 😊

👍 2 👎 💬 RESPONDER

4ª atitude: Buscar a ajuda de alguns amigos ou parentes, que têm aquele dinheiro guardado, mas que não o utilizarão naquele momento. Então, você pode até buscar esse recurso e fazer um parcelamento com aquele seu amigo, com uma taxa um pouco maior do que aquela que ele ganha. Mas atenção: você precisa ter absoluta certeza que vai honrar esse compromisso. Caso contrário, pode perder o amigo ou até mesmo o afeto do parente. E isso não é nada bom!

5ª atitude: Evitar o parcelamento da fatura, que geralmente vem carregado de juros, muitas vezes, superior até mesmo aos do crédito pessoal. Então, essa opção deverá ser evitada.

6ª atitude: Caso nenhuma dessas atitudes seja possível, é preciso encarar o problema. Dizer à operadora de cartão que não tem condições de honrar o compromisso e perguntar se ela pode auxiliá-lo. É muito provável que esse auxílio, dentro das suas condições de pagamento, não seja viável. Nesse caso, o caminho é dizer: "**Devo. Não nego. Pago quando e como puder**". Atenção, se tomar essa atitude, precisa entender que o seu nome será negativado, irá se tornar um nome sujo, poderá ser executado. Nesse caso, a preocupação é para com os bens quitados, que podem ser objeto de penhora por ocasião da execução dessa dívida. Se não tiver nenhum bem, siga em frente, terá que vencer pelo tempo. É muito provável que, em um período de 1 a 3 anos, poderá negociar com 70% a 90% de desconto sobre a dívida total. A paciência é a alma dessa estratégia.

7ª atitude: Em qualquer das atitudes aqui descritas, é preciso buscar a redução de gastos na família. Somente assim, você conseguirá gastar menos do que ganha. Com essas reduções, poderá guardar para uma futura negociação, e estará combatendo a causa do problema.

Agora você pode estar com a seguinte dúvida: o cartão de crédito é um vilão? Não. Cartão de crédito é uma ferramenta importante que, se bem utilizada, tem realmente o seu valor. Cuidado! Preste atenção ao seu limite do cartão e tenha poucos cartões. Se você tem salário fixo, ou seja, apenas um salário por mês, deve ter um ou, no máximo, dois cartões. Por que dois? Porque você pode ter aquele salário no começo do mês e aquele adiantamento por volta do dia 20 de cada mês. A ideia é a data do vencimento do seu cartão cair sete dias após a data do recebimento do seu ganho, ou seja, o primeiro vencimento deve ser sete dias depois que recebeu o vale e, o segundo, sete dias depois do salário. Caso você tenha um salário variável, isto é, ganhe toda semana algum valor, então pode ter de um a três cartões com datas diferentes. Essas preocupações, sem dúvida alguma, você deve ter.

Ter cartão de crédito não é um problema. Porém, comprar com ele, obviamente, pode ser um problema.

É a hora de quebrar o cartão de crédito?

Está na hora de quebrar o cartão de crédito? Não. Nada de quebrar o cartão de crédito. Para muitos, isto até resolve como simbologia: quebrar e cortar, guardar naquela gaveta e jogar a chave fora. Isso tudo pode ser, sim, um momento até de um corte mental, isto é, daquele "não quero mais saber de cartão", mas o grande segredo de tudo isso está em, principalmente, fazer a lição de casa, ou seja, é preciso que você tenha consciência ao utilizar o cartão de crédito.

Um dos grandes problemas das pessoas estarem quebradas, literalmente e financeiramente falando, tem sido o cartão de crédito, pois ele é responsável por aproximadamente 80% dos inadimplentes. Esse recurso traz um limite efetivamente muito superior ao que se tem de capacidade de pagamento. E, nesse quesito, é que está o grande problema. Por quê? Nós passamos a ter a condição de comprar tudo. Não é verdade? Independente de se podemos ou não pagar no mês seguinte, vamos comprar. E, geralmente, são aqueles momentos em que saímos no final de semana, vamos jantar, vamos a um parque, vamos passear ou vamos no shopping, àquelas lojas, daquela rua que tem um monte de coisas para comprar... e temos o cartão na mão. E esse cartão é o cheque em branco, é o dinheiro praticamente. Acabamos entrando realmente numa loja e lá vemos diversos produtos. E, quando se está com a família, então, fica mais fácil ainda gastar. E nesse caso, o crédito rotativo e um possível financiamento acabam sendo as consequências.

Mas será mesmo que combater o mal pela raiz, não ter o cartão, pode ser um caminho? Eu diria que, naquele momento, sim. Mas o seu lado psicológico, o seu aspecto mental, foi curado? Ele não teve orientação para que pudesse, efetivamente, conscientizar-se de forma estruturada para que esse cartão passe a ser um aliado, e não mais aquele inimigo, aquele vilão, como muitas pessoas acabam associando.

"Ah, eu não vou ter outro cartão. Foi ele que realmente me trouxe tantos problemas." Não foi ele. Foram às compras que **você** fez com ele. Então, reforço que o problema não são os cartões, e sim o que compramos com eles.

Há pessoas que têm três, cinco, dez cartões de crédito. Aí eu pergunto: quantos salários essas pessoas recebem por mês? Apenas um, e algumas vezes nenhum. Como orientado no tópico anterior, existe uma quantidade sugerida de cartões para cada pessoa/família.

Percebe como o problema com o cartão de crédito é algo que pode ser evitado? Mas é preciso fazer a lição de casa, é necessário saber como, onde e em que momento vai utilizá-lo, e que cada prestação feita – aquelas parcelas 1/3, 1/10 e 1/20 – vão se acumulando mês a mês. Imagine comprar algo todo mês parcelado. Vai chegar algum momento em que haverá dez prestações ou mais no cartão e não se percebeu. E o que se paga em relação às prestações assumidas pode representar 30%, 40%, 50%, 70% do ganho mensal.

Cartão de crédito, então, é uma ferramenta ruim? Temos mesmo que quebrá-lo? Não. Não quebrar o cartão é o caminho. No entanto, quebrar o modelo mental de gastar de forma desestruturada, desorganizada, esse é o modo de tratar o seu cartão.

E para aquelas pessoas que têm muitos cartões? É hora de parar com tudo isso, sem dúvida alguma. Elas deverão analisar os que de fato interessam e cancelar o restante. Por isso, consciência é o caminho e a ordem da vez.

Cartão de crédito – dez orientações para usá-lo melhor

Como para tudo na vida, dependendo de como você enxerga e usa os recursos disponíveis, o cartão de crédito também traz as suas vantagens, como fazer viagens com a milhagem acumulada, ganhar ou resgatar prêmios, acumular pontos e conseguir a isenção da própria taxa de anuidade, além de poder parcelar as suas compras. Enfim, o lado bom é bacana. E tem ainda a condição de ser um meio de pagamento que pode ser usado em qualquer lugar do planeta.

> **Alexandre Gomes** 3 meses atrás
> Eu tinha um cartão de credito de uma loja.
> Comprava parcelado e quando pagava a ultima parcela,acabava comprando de novo.
> Minha mulher começou a encher o saco,confundindo Crédito com Bônus.
> Achava que se eu não usasse o crédito eu iria perder.
> O que fiz,comprei e não paguei,fiquei com o nome sujo e minha mulher parou de encher o saco.
> To me planejando pra fazer um cronograma de pagamento.
> Mostrar menos
>
> 👍 1 👎 RESPONDER

Por outro lado, se não for usado com consciência, ele pode levar você a entrar num ciclo vicioso do endividamento até a inadimplência. Os juros do cartão de crédito são assustadores, em média, mais de 300% ao ano.

Então, para que possa fazer um uso consciente e saudável do cartão de crédito, preparei aqui algumas orientações, que tenho certeza que podem lhe ajudar:

1ª – Tenha controle do seu limite

É preciso saber, em especial, o limite que terá nesse cartão de crédito. Ele não deve ultrapassar mais do que 50% do seu ganho mensal. E, se ultrapassar, você deve ter a consciência de que o valor total da fatura a ser pago deverá ser objeto do seu ganho mensal. Há pessoas que utilizam quase integralmente o limite do cartão de crédito, para conquistar benefícios, mas elas têm o dinheiro para honrar o pagamento na sua totalidade. Por exemplo: se você ganha R$ 3.000,00 e o seu limite do cartão de crédito de R$ 1.500,00, é o suficiente. Cuidado se tiver três cartões, por exemplo. Os R$ 1.500,00 de limite devem somar os limites dos três cartões juntos, caso contrário, você teria R$ 1.500,00 em um cartão, R$ 1.500,00 em outro e R$ 1.500,00 no terceiro, o que totalizaria R$ 4.500,00. Para quem ganha R$ 3.000,00, já começou mal.

2ª – Cuidado com os parcelamentos!

Muito atenção ao parcelamento no cartão de crédito. Sabe aquelas parcelas de 1/10, 1/15, 1/20 que você nem vê, mas está parcelando? Para ter uma ideia, são mais de 300 milhões de cartões de crédito espalhados pelo Brasil, e uma população de mais de 200 milhões de pessoas. São apenas um pouco mais de 100 milhões de pessoas economicamente ativas, que têm alguma renda.

Então, podemos dizer que a proporção de cartões de crédito é de três para um, ou seja, para cada pessoa, temos três cartões de crédito. Até aí, isso não é um problema. O problema está exatamente em como são pagos esses cartões. Dos 300 milhões existentes no país, 85% deles são pagos em dia; os outros 15% não são pagos mais, os seus responsáveis estão pagando parcelas mínimas, já estão endividados, ou seja, inadimplentes.

O mais curioso disso é que, desses 85% de cartões pagos em dia, há parcelamentos silenciosos. São aqueles que falei com parcelas 1/3, 1/10, 1/20. Esse tem sido outro problema. Porque, quando você se dá conta, já está com muitos parcelamentos. E isso tem levado milhões de pessoas à inadimplência, mesmo aquelas que estão pagando em dia as suas faturas totais (Fonte: ABECS - Associação Brasileira das Empresas de Cartão de Crédito e Serviços).

3ª – Não "empreste" o seu nome

Cuidado com o seu nome, ele é muito importante. Ao emprestar um cartão de crédito a um terceiro para fazer as compras dele, pode ser que você não receba esse valor de volta. E, com isso, você assume uma dívida que não lhe pertence.

4ª – Evite taxas de anuidade

Outro ponto importante são as taxas de anuidade. Você precisa fugir delas! É possível, sim, se investir alguns minutos – às vezes, até 30 minutos ou uma hora – ao telefone. Fale com o atendente da operadora do seu cartão e diga que precisa reduzir a taxa de anuidade. Com certeza, vai conquistar algum desconto e até mesmo a isenção da tarifa.

5ª – Aproveite os benefícios

Conheça melhor os benefícios do cartão. Entre no site, verifique tudo o que existe. São muitos, por exemplo, a milhagem de que falei logo no começo deste nosso texto. Há também pontuações que levam a prêmios, ingressos mais baratos em diversos teatros, cinemas e shows. Temos, ainda, o seguro saúde, para quando você viaja para fora do seu país (dependendo da bandeira do seu cartão, você tem direito a esse seguro, que já é pago pela operadora). Então, fique atento aos seus benefícios.

6ª – Se perder o controle, faça um diagnóstico

Caso perca o controle do seu cartão de crédito, ou seja, chegou a fatura e você viu que não consegue pagá-la na totalidade, é preciso buscar um diagnóstico financeiro desse momento. Até mesmo porque, provavelmente, deve estar gastando muito mais do que está recebendo.

Nesse caso, você vai ter que procurar uma alternativa, a portabilidade ou uma negociação com uma taxa menor, um tipo de financiamento que tenha juros menores (pode ser um crédito pessoal ou até um crédito consignado). Atenção: somente trocar os juros do cartão mais caro por um crédito mais barato não vai resolver o seu problema. Por isso, a faxina financeira, para saber o verdadeiro problema, identificar a real causa desse desequilíbrio.

7ª – Cuidado ao parcelar a fatura total

Eu vejo muitas pessoas usando os benefícios que o cartão proporciona na hora que vem aquela fatura total. Por exemplo, chega uma fatura de R$ 5.000,00 e a operadora do cartão já faz uma proposta de pagamento em 10, 12 e 18 parcelas. E, muitas vezes, o cliente acaba optando por elas. Só tem um problema, os juros são, em média, de 7% ao mês. Não é uma boa pedida e nem uma boa opção.

8ª – Economize comprando à vista

Fique atento também aos parcelamentos, àqueles que você vê na loja: "Compre aqui à vista e pague em dez parcelas". Eu lhe pergunto: "Você emprestaria algum dinheiro a alguém que não conheça, para que ele possa lhe pagar em dez parcelas sem juros? Ah, claro, a sua resposta é não. Imagine, então, uma instituição financeira que tem todo o seu ganho baseado em juros. Portanto, saiba quanto custa, poupe dinheiro, guarde mensalmente, compre à vista e com desconto.

9ª – Utilize o cartão sempre com consciência

Como o cartão de crédito é uma ferramenta muito fácil de ser utilizada, é importante que você saiba o momento de utilizá-la com responsabilidade e consciência. Por exemplo: quando você estiver comprando algo, seja um produto ou um serviço, saiba se tem dinheiro para pagar, à vista ou na fatura que vencerá no mês subsequente. Com isso, estará assumindo o controle da utilização correta do seu cartão.

10ª – Parcele como estratégia de investimento

Uma das estratégias, quando você está educado financeiramente, é buscar preços mais baixos e condições mais flexíveis, ou seja, utilizar-se do parcelamento. Com isso, poderá usar o parcelamento e, do outro lado, deixar o seu dinheiro aplicado. Nesse caso, estará reduzindo o preço de compra do seu produto, uma vez que, com o seu dinheiro aplicado, estará ganhando juros. Por exemplo: na compra de uma passagem aérea, cujo o valor você conseguiria pagar à vista, se deixar o seu dinheiro aplicado, poderá pagá-la em até seis ou mais parcelas sem juros e não se descapitalizar, ou seja, ainda ganhará juros sobre esse valor aplicado.

Então, como pode ver, ter o cartão de crédito como seu aliado ou como vilão só depende de você, da sua utilização consciente. Vamos na busca da sustentabilidade financeira, usando, sim, o cartão de crédito, mas com muito respeito e responsabilidade.

Cheque especial – Saiba mais

Cheque especial é uma boa?

Ao falar de cheque especial, não estou falando do cheque em si. Estou falando de limites de uma linha de crédito que já está pré-aprovada. E aí é que mora o perigo. Você não precisa nem pedir autorização para utilizá-la. Ela já está lá, e você só tem que gastar.

Não tem nada errado com as instituições financeiras. Lucrar é o negócio delas: comprar e vender dinheiro, cobrar e pagar juros. Isso está totalmente alinhado com qualquer outro tipo de negócio. Quem fabrica um móvel, por exemplo, ou uma geladeira, vai ter o seu lucro. Então, não vamos culpar terceiros. Vamos olhar para os nossos problemas, é aí que entra o verdadeiro sentido da educação financeira.

Mas por que essa linha de crédito é tão fácil? É simples. As taxas são exorbitantes. Quando nós falamos de R$ 1.000,00, se você ficar devendo esse valor no cheque especial, no final de um ano, vai pagar em média R$ 4.240,00, ou seja, 324% de juros ao ano. Veja bem, eu falei se pegar só R$ 1.000,00. São juros muito altos! Já no crédito pessoal, você teria os seus 33% ao ano, ou seja, pagaria R$ 1.330,00.

Isso mostra que nós precisamos cuidar melhor dos nossos recursos. Como já falado sobre o cartão de crédito, no caso do cheque especial não é diferente. Ele também tem levado milhões de pessoas para a inadimplência.

É importante que nós tenhamos consciência com relação ao uso do crédito, porque, se você tem o crédito a seu favor, até para alavancar alguma coisa, é bacana. Porém, se pagar 324% no ano, é praticamente impossível você ter uma vida saudável financeiramente.

Quando nós falamos de cheque especial, essa é uma linha de crédito que eu não aconselho ninguém a ter. É importante você ter essa noção. "Mas, Reinaldo, você está falando que eu não posso ter um cheque especial?" Não estou dizendo que não possa. Mas, se você tiver a opção de ter um dinheiro guardado no banco, uma caderneta de poupança ou até mesmo aquelas contas remuneradas, nas quais fica com o seu dinheiro aplicado – não com rendimento muito bom ainda, mas melhor para quando tiver um excesso de gastos na sua conta corrente, pois, automaticamente, aquela conta remunerada entre em ação –, em vez de ficar pagando juros para utilizar o benefício, você estará ganhando juros. Assim, troque o tipo de instrumento financeiro do cheque especial para a conta remunerada.

E, para encerrar, eu quero chamar a sua atenção para o fato de que **o cheque especial não é renda**. Há muita gente usando-o como salário, como uma extensão da sua renda. Eu, por exemplo, nunca usei cheque especial, limites. Esses, sim, estão levando a nossa população, grande parte dela economicamente ativa, ao desespero e ao abismo financeiro.

Então, mãos à obra, vamos liquidar esse assunto, acabar com esse processo de cheque especial. Ter reservas estratégicas, para que você, quando necessário, possa buscar dinheiro que pertença a você mesmo, e não a terceiros.

COMPRAS SUSTENTÁVEIS

Tudo provém das compras. Lembrando que, para pagar à vista, a prazo ou, ainda, deixar de pagar, o processo se inicia no ato da compra, seja ela de serviço ou de produto. Vamos debater um pouco sobre alguns tópicos que entendo que irão lhe ajudar com relação às compras e, às suas consequências, quando não praticadas de forma consciente.

Ostentação, um pecado para o dinheiro!

Ostentação é um erro clássico na educação financeira.

Não é de hoje que ostentar tem sido prejudicial à educação financeira, ao seu bolso e à sua vida, inclusive. Há muita gente ostentando, sem nem mesmo saber que está praticando esse ato. Com a rede social cada vez mais intensa, as pessoas aparecendo mais vezes e, lógico, você nunca viu alguém na rede social com cara fechada, viu? Dificilmente. Todo o mundo vai estar lá alegre, feliz e com as melhores roupas, joias e penteados. Isso se deve, é claro, à vaidade.

Eu tenho vaidade, todo mundo tem. Mas será que tenho só vaidade ou também estou ostentando, estou querendo aparecer e praticar algo que, na verdade, não sou?

É preciso rever como você está atuando nas suas redes sociais, nas suas saídas, nas suas reuniões e nas festas. Por que será que as pessoas ostentam tanto? Como eu já falei, esse problema é antigo. Antes, os artistas tinham muito disso. Ostentavam, precisavam ter um nível social, para poder se relacionar com outros, e ter uma aparência que, muitas vezes, não era verdadeira, não era dele.

Como tudo evolui, a ostentação chegou para todas as classes sociais. Estou falando daquelas pessoas que, às vezes, não têm condições de comprar aquela camisa de grife ou aquele tênis e, por isso, acabam usando todos os seus recursos, ficando inclusive endividadas, perdendo o controle e até se tornando inadimplentes, mas sem deixar a carapuça cair. Elas ficam ostentando, porém, a máscara sempre acaba caindo, porque essas pessoas não têm como manter aquilo que estão ostentando e apresentando para a sociedade por muito tempo.

Vamos para outro exemplo, o sonho de todo jovem, o carro, aquele carro que ele quer comprar e para o qual, muitas vezes, não tem o recurso todo. Um jovem está na fase inicial da sua carreira profissional e não tem tanto dinheiro assim para comprar à vista. Mas o crédito chegou, e chegou forte. Então, é possível dar uma pequena entrada e ter uma prestação muito grande. Mas o que interessa mesmo é quando o cara chega com o carro naquela balada, ou sai com os amigos ou parentes e apresenta aquele carrão, do qual, muitas vezes, nem mesmo consegue manter a prestação do financiamento e sequer a manutenção. Estou falando de um valor que representa uma boa quantia de dinheiro, que esse jovem não tem.

Mas por que ele comprou um carro de 50 mil reais, se, na verdade, poderia comprar um carro de 20 mil? Simples, o de 50 mil é mais bonito, chama mais a atenção. Pois bem, ele vai ter problemas, porque essa conta não fecha, porque o custo para ter esse veículo é muito maior. E aí pensamos "e por que ele comprou?". Porque está ostentando, porque aquilo está acima da sua capacidade de realização.

Esse problema pega e leva muita gente para a inadimplência. Aliás, grande parte das causas de endividamento vieram da ostentação, ou seja, daqueles que compraram aquilo que não podiam, com o dinheiro que não tinham, para poder impressionar os amigos, os colegas e as pessoas com quem convivem.

Será mesmo que isso é legal para alguém?

Eu tenho absoluta convicção que esse tem sido, sem dúvida alguma, um problema cada vez mais iminente, que já está inserido na sociedade. Como é que se sai disso? Cair na real é o caminho. É preciso você saber exatamente quanto dinheiro ganha, quanto dinheiro gasta, ou quanto pode gastar, principalmente, porque o seu padrão de vida, esse custo de vida que você tem, certamente deve estar em desequilíbrio. E, é lógico, o crédito vem contribuindo para que pessoas como você, cada vez mais, endividem-se e percam o controle.

Então, a primeira recomendação aqui é que você faça mesmo um diagnóstico do que ganha e do que gasta e verifique, efetivamente, o que pode. Você não vai deixar de ter o seu carro, mas pode ter um carro com um valor menor. Não vai deixar de ter um celular, mas às vezes não dá para comprar um super celular, então vai ter um celular que atende às suas necessidades.

Acredite, existe um antídoto para acabar com essa ostentação. Chamo-o de sonhos e propósitos de vida. Com eles, você poderá ganhar bastante força, para evitar ser uma pessoa que ostenta a todo momento. Por isso, faça aí uma reflexão, busque o seu verdadeiro eu, saiba exatamente o que quer realizar, tenha a responsabilidade e a consciência de qual é o tamanho do passo que você quer dar.

Pode ser, sim, que seja um sonho. E que, hoje, ter esse sonho realizado pode ser uma ostentação, mas não o será necessariamente daqui a algum tempo. Aí o tempo passa a ser um agente a seu favor. "Eu quero ter aquele carro de 50 mil." Perfeito! "Mas, neste momento, não tenho como manter o carro." Então, espere aí, vamos colocar esse carro para daqui a três ou cinco anos? Por que não? Com isso, você conseguirá começar a guardar e ter poder aquisitivo para sustentar a realização desse sonho.

Você percebe que é possível? O tempo é um agente que regula esse **ter** do próprio **ser**. Hoje, você não pode ter um bem, aquele veículo ou casa, aquela roupa que é "super suprassumo", mas pode viver para buscar esse **ter**. Por isso, a educação financeira tem muitos sentidos nessa hora de evitar a ostentação e realizar o seu sonho.

Comprar à vista ou parcelado?

Estou com dinheiro na mão. Pago à vista ou parcelo?

Uma das grandes dificuldades do brasileiro é saber "quando eu pago algo que eu compro à vista e quando eu parcelo isso?". É simples. "Eu tenho dinheiro, vou lá e pago à vista." Não é bem assim! Não será mesmo esse o caminho?

Os meios de aquisição de produtos e serviços são diversos. Nós podemos comprar a prazo por meio de cartão de crédito, cheque especial, de um carnê, um crediário. Também podemos pagar à vista em dinheiro ou em cheque. Veja só, são diversas opções. E não podemos esquecer do cartão de débito, que também é um meio que vai tirar o dinheiro diretamente da sua conta – se é que você tem esse dinheiro lá.

Como constatamos, são diversos meios de pagamento. Agora, qual será o mais adequado para você, para mim, no momento de adquirir um bem ou serviço? Bom, primeiro é preciso saber qual é esse bem que se está comprando. Ele vai agregar ou não valor? "Espere aí! É para saber se vai agregar um valor?" Sim, a compra de um bem, mesmo ele sendo mais caro, se agregar valor para você, não tem problema.

"Eu posso comprar a prazo. É errado?" Não. Eu posso comprar um bem que tem valor agregado, pagar a prazo, e isso está tudo certo. Não tem nada errado.

Vamos ver aqui, de outro ângulo, quais são os benefícios que comprar à vista ou a prazo podem trazer para você, para o seu bolso e para as suas finanças. Por exemplo: imagine que você necessita comprar um micro-ondas e ele custa R$ 200,00. O primeiro passo é saber se você tem esses R$ 200,00 disponíveis na sua conta corrente ou no seu bolso. "Ah, tenho, sim." Então eu lhe pergunto: ele não fará falta se tirá-lo desse lugar, ou seja, do seu bolso ou do seu banco? Será que você não tem outros compromissos que vão vencer logo nos próximos dias ou meses e para os quais esse dinheiro será importante? "Não. Eu já tenho esse dinheiro. Ele está disponível. Não tem nada amarrado a ele, nada atrelado a esse recurso." Então, por que não comprar à vista?

O que é legal de comprar à vista, é que você pode obter descontos. E aí valeu muito a pena ter o dinheiro e pagar mais barato, seja 5% ou 10%.

Não importa, você ganha. O negócio é pesquisar, porque tem muita gente querendo vender algo à vista, de preferência em dinheiro mesmo – eu estou falando em espécie. Aí vai a esses lugares, a essas lojas e fala assim: "eu não quero pagar com cartão, quero pagar em dinheiro". No mínimo 5% você vai ganhar de desconto, até mesmo porque as lojas pagam, em média, nas transações a crédito, cerca de 5% para a operadora de cartões.

Aqui começa uma orientação sobre poupar. Poupar parte desse dinheiro, ou seja, significa que aqueles R$ 200,00 do seu micro-ondas, se pagar à vista com 5% de desconto, estará pagando R$ 190,00. E esses R$ 10,00 você pode canalizar para outros sonhos e desejos, ou até deixar como reserva.

Por outro lado, se você tem dinheiro, mas não quer se descapitalizar, ou seja, quer deixar guardado e comprar a prazo, significa, então, que pode parcelar? Vamos a um exemplo de parcelamento em 10 parcelas de R$ 20,00. Nesse caso, você tem que incluir no seu orçamento, olhar para ele e se perguntar: "dá para pagar R$ 20,00 nos próximos dez meses?". Se a resposta for "Dá, sim", então pode parcelar. O seu dinheiro, aqueles R$ 200,00 estarão aplicados, o que significa que eles vão lhe render juros a mais.

Por outro lado, você vai pagar a prazo. Tem alguma coisa errada nisso? Não. Pelo contrário, protegeu a reserva de dinheiro que tinha para pagar à vista e optou por fazer um parcelamento. Aquelas dez parcelas que vai pagar durante os próximos dez meses, você acredita que não tem juros nelas? É claro que tem. Faz parte da composição de preços desse produto. Mas agora você percebeu que pagar a prazo não é um negócio tão mal assim.

Às vezes, as pessoas falam assim: "Eu quero pagar tudo à vista". Mas será mesmo que pagar à vista sempre é um bom negócio? Eu posso lhe afirmar que, se você pagar à vista, você pode ficar sem nenhum recurso financeiro, sem nenhuma reserva estratégica. E se tiver qualquer necessidade, por exemplo, precisar viajar ou fazer uma reforma na sua casa e necessite de dinheiro imediato, o que acontece? Você não tem reserva nenhuma. Sabe aqueles R$ 200,00? Você gastou. E agora? O que terá que fazer? Entrar no cheque especial ou recorrer a uma financeira e buscar empréstimos. E aí – sabe aquele desconto de 5% que achou legal? – pode ser que você tenha que pagar 10% de juros ao mês, seja no cheque especial, seja no financiamento do cartão de crédito.

Portanto, para comprar à vista ou a prazo, é preciso fazer uma análise mais minuciosa no seu orçamento financeiro, saber exatamente quanto você tem, quais são as suas necessidades futuras e, principalmente, ter reservas financeiras guardadas para qualquer necessidade e para a sua tranquilidade.

> **Luc Ahm** 2 meses atrás
> Show de Vídeo !!!
> Somente o nosso mestre Reinaldo Domingos para ter a sensibilidade positiva de esclarecer em detalhes o caminho correto e mais eficiente á ser seguido entre cada uma das importantes etapas á serem compreendidas e superadas "educação financeira e investimentos"
> PARABÉNS pela explicação
> Mostrar menos
>
> 👍 1 👎 💬   RESPONDER

Resumindo, se você tiver o dinheiro na sua mão, pedir descontos é uma arte. Agora, se não tiver descontos, tudo bem não querer ficar com dívidas. Não há nada errado nisso. Mas, se não quer gastar o seu dinheiro e quer parcelar, também não tem nada errado. Só é importante você ter as parcelas que caibam no seu orçamento. O mais legal é poder fazer os dois: poder buscar o preço à vista e parcelar. Aí, você pode ganhar um desconto no valor que vai parcelar e, principalmente, deixar o dinheiro aplicado, com o qual também ganhará com os juros sobre a aplicação. Esse é o melhor dos cenários. Por isso, a educação financeira é muito importante para a sua vida e, particularmente, para o seu cotidiano e da sua família.

Em quantas parcelas é ideal comprar?

Vai comprar no crédito? Qual o número de parcelas ideal?

Eu, por exemplo, quando vou fazer compras, busco o preço à vista. Mas sempre pergunto: "Em quantas parcelas eu posso fazer?" Se for em dez, vou pagar em dez; se for em 20, vou pagar em 20, sem juros.

Na internet, faço uma pesquisa, busco o preço mais baixo e vejo aquele que parcela em mais vezes, ou seja, faço a compra parcelada. Isso me traz até satisfação, porque o valor que vou parcelar, tenho aplicado e estou ganhando juros sobre ele. Legal isso, não é?

Vamos para um exemplo. Imagine a loja A que tem um preço do produto de R$ 200,00, que pode ser parcelado em cinco vezes; e a loja B, em que o produto é R$ 220,00, porém pode ser parcelado em dez vezes. Qual escolher? Sabe quem determina isso? O seu orçamento financeiro. É quanto a prestação que você fará caber ou não caber no seu orçamento nos próximos meses.

Eu, educado que sou, tenho R$ 400,00 guardados. Na loja A o preço é R$ 200,00; na loja B, é R$ 220,00. É lógico que vou à loja A e vou parcelar em cinco vezes. Por quê? R$ 20,00 a menos de gasto. Até porque R$ 20,00 eu não vou ganhar em nenhum tipo de investimento.

Mas quando sei se essa parcela cabe ou não cabe no meu bolso? É preciso ter clareza, consciência e, principalmente, saber para onde está indo o seu dinheiro de 30 dias, porque, com isso, você vai saber a sua capacidade de pagamento. Em caso de parcelamento, saberá até qual o valor de parcela que vai conseguir honrar nos seus próximos meses.

"Ah, Reinaldo, mas eu não sei cuidar do meu orçamento!"

Vou lhe ajudar agora. Acesse este link: ORÇAMENTO FINANCEIRO (https://www.dsop.com.br/downloads-arquivos/), para baixar o orçamento financeiro de 12 meses. Nele, você terá gráficos comparativos, e isso vai ser muito legal. E, além de tudo isso, vai ter a dívida como uma aliada, e não como uma inimiga.

Para fechar este capítulo, destaco o conceito de compras:

> *Compras:* tudo aquilo que for adquirido, seja à vista ou a prazo, por meio de uma troca (escambo), com valores agregados ou não.

NOME SUJO – UMA OPORTUNIDADE

Chegou o grande motivo de eu escrever este meu livro. Foram mais de um milhão de pessoas que me inspiraram a escrever sobre o tema aqui abordado e todos os assuntos correlatos. É um tema polêmico, mas de muitas verdades, um assunto árido, difícil de ser entendido. Como estudioso da área da Educação Financeira e dos seus conceitos, apresentarei da forma mais simples que puder, assim como falo nos meus vídeos.

Nome sujo pode ser a solução!

Você pode não acreditar, mas estar com o nome sujo, algumas vezes, é a solução.

Hoje, no Brasil, temos mais de 60 milhões de brasileiros com o nome sujo, ou seja, inadimplentes, como já foi descrito nesta obra, pessoas que não estão conseguindo mais pagar os seus compromissos, as suas contas, as suas dívidas. Para que possa entender um pouco mais sobre esse negócio de nome sujo, eu quero explicar que se trata de uma compra, com relação à qual você não conseguiu honrar com o compromisso de pagamento. É um problema? Sem dúvida. Mas é um problema para se desesperar? Não. Acredite é uma questão só de você começar a se reestruturar, olhar, analisar e tomar as providências.

Quando ficamos com o **nome sujo,** é um sinal de que já estamos negativados nos órgãos de proteção ao crédito (SPC/SERASA) e, é lógico, que o crédito foi cortado. E pode ter certeza de que, quando esse momento chega, por mais que possa parecer assustador, ele pode ser o grande momento da sua vida, o de começar de novo, dessa vez de forma diferente. Fazer com que você retome o controle do dinheiro que entra e do dinheiro que sai. Isso quer dizer, fazer um novo fim.

Nas minhas Terapias Financeiras, nos encontros com pessoas, individuais ou em casais, deparo-me muito com pessoas inadimplentes, mas que ainda não estão negativadas. E, acredite, muitas foram as vezes em que eu falei: "Pegue o telefone, ligue para o seu credor e peça para ele negativar você". Reinaldo, está maluco? Você está louco? Não, não estou não, porque, muitas são as vezes em que as pessoas ficam tentando fazer mais crédito. Pegando aqui e ali, pegando de um parente, do banco, da financeira, e isso não vai levá-la a lugar nenhum.

"Dá para viver negativado?"

É claro que dá. Aliás, quando você está com o seu crédito cortado, começa a entender que comprar à vista é o caminho. E aí o seu dinheiro começa a ter mais valor. Até porque, quando você comprou a prazo, o valor do produto era mais alto. E, quando você tem dinheiro para comprar à vista, com certeza, comprará com menos recursos financeiros e aí terá mais condição de assumir as rédeas da sua vida financeira.

"E o que fazer com o credor, uma vez que já está me ligando, negativando o meu nome e executando a dívida?"

Você precisa ter calma e tranquilidade nesse momento.

"Mas, Reinaldo, você fala isso, porque não é o seu nome, né?"

Eu posso lhe afirmar que, sem dúvidas, o credor quer receber. O problema é que ele quer receber de uma só vez. E você nem sempre tem condição de pagar de uma vez só.

"Proponho um acordo?"

Sim, mas um acordo que caiba no seu orçamento financeiro. Esse tem sido um problema. Existem até aqueles feirões "limpa nome" por todo o Brasil – mais adiante entrarei em mais detalhes sobre esses feirões. Aí você vai lá, fica naquela fila e vai caminhando, vai buscar um acordo com 50% de desconto ou parcelar a dívida em dez vezes. Mas essa parcela não cabe no seu orçamento. Resultado? Você assinou uma confissão de dívida, está devendo, agora pelo total e documentado, e aí ficou pior do que já estava.

Muita atenção com os seus bens, como casa própria, carro, moto e terrenos. Se você estiver com esses bens quitados e estiver em um processo de execução por dívida, é muito provável que esses bens serão arrolados como garantia, penhorados ou até mesmo leiloados. Por isso, muita atenção na hora de falar um não para o seu credor. Sempre observe os bens que você tem quitados, porque, se estiverem financiados, não haverá problemas.

Às vezes, é preciso ligar para o seu credor e dizer a ele sem medo: "Devo. Não nego. Pago quando e como puder." Não é para dar um calote, mas também não é para fazer acordos que não consiga honrar.

Bem, e agora como resolver esse problema da inadimplência e do nome sujo? Vamos lá.

1º passo: Faça um diagnóstico financeiro

O primeiro passo é fazer um bom diagnóstico financeiro, tanto da sua dívida em especial como da sua vida e do seu cotidiano, ou seja, apurar para onde está indo cada centavo do seu dinheiro. É preciso retomar o controle do dinheiro que entra e do dinheiro que sai. Com isso, você já vai conseguir equacionar, equilibrar as suas finanças mensais.

2º passo: Priorize as dívidas de valor

Você pode ter dois tipos de dívidas:

- a dívida sem valor: que é aquela que você comprou com o cartão de crédito, com o carnê, com o cheque;
- a dívida com valor: que é a casa própria, o carro, o terreno, a moto. Essa, sim, tem que ser prioridade. Até porque, se você estiver devendo, vai perder o bem. Não se esqueça também das dívidas essenciais, como energia elétrica, água e gás.

> **Eduardo Campos** 1 semana atrás
> Grande professor Reinaldo. fazer esse diagnóstico com apontamento realmente fez diferença em minha vida e sei que vai fazer na vida de muitas pessoas. obrigado por ter desenvolvido essa metodologia para que a gente possa alcançar nossa liberdade financeira.
>
> 👍 1 👎 💬 RESPONDER

3º passo: Faça um orçamento financeiro

É muito importante que você tenha um orçamento financeiro e que priorize principalmente essas dívidas. Dessa forma, já terá a segurança de que não vai falhar com relação ao pagamento se fizer um acordo ou até mesmo se quiser poupar para uma futura negociação. Então, o orçamento financeiro deve priorizar as dívidas antes das despesas do cotidiano.

4º passo: Guarde dinheiro com alguém de confiança

"Reinaldo, você falou em guardar dinheiro, mas no meu nome, que está sujo?"

Não, no nome de um terceiro, da sua mãe, de um irmão, de alguém da sua confiança. Até mesmo porque, se você guardar no seu nome, quando houver a penhora on-line, vai perder o dinheiro guardado.

5º passo: Peça para que o credor limpe o seu nome

"Juntei o dinheiro e agora estou pronto para fazer um acordo com o credor."

É importante, depois que o fizer, que peça a ele para retirar o seu nome dos órgãos de proteção ao crédito. Os credores têm cinco dias, legalmente, para tirar o seu nome dessa situação.

6º passo: Tenha sempre outros sonhos

É muito importante que você tenha outros sonhos e não só fique focado em querer sair do endividamento, da inadimplência e limpar o seu nome. É preciso continuar vivendo, ter sonhos de curto, de médio e de longo prazo. Um desses sonhos será sair das dívidas, sem dúvida alguma, mas é preciso viver. Por isso, guardar dinheiro para outros sonhos também é importante. Isso irá motivar você e a sua família. Lembre-se: **pobre não é a pessoa que não tem dinheiro, e sim aquela que deixa de sonhar.**

O fato de você estar com o nome sujo não é algo para se vangloriar até porque os nossos pais e avós sempre nos disseram que o bem mais precioso que nós temos é o nosso próprio nome. Mas eu afirmo que estar negativado e depois ficar adimplente é só uma questão de estratégia.

Então, você percebeu que estar com o nome sujo não é um bicho de sete cabeças, e sim uma forma de buscar um novo momento, de construir um novo fim? Você consegue. Acredite. A minha recomendação é: comece agora a assumir o controle da sua vida financeira. Não fique aborrecido, fique feliz, porque agora já sabe o caminho para resolver isso de vez. Estou com você nessa caminhada. Vamos juntos.

> **MR Rabelo e Silva** 4 dias atrás
> Muito bom Este vídeo! Faz nos recapitula os nossos sonhos que por muitas vezes foram esquecidos porque não obtiver o sucesso esperado, O que nos move é os nossos sonhos. Como foi dito o pobre é áquele(a) que não tem sonhos. Abraços
> 👍 1 👎   RESPONDER

Está negativado? Veja se vale a pena fazer um empréstimo

Para quem está negativado, pedir um empréstimo é uma boa saída?

Por incrível que pareça há muita gente que já chegou ao fundo do poço. Tem dívidas, está com o nome negativado e ainda, acredite, busca crédito, mesmo estando com o nome sujo. Essa será mesmo uma opção inteligente?

Nessa situação, eu não posso dizer que é uma tomada de decisão errada. Às vezes, é uma medida para se alimentar. Isso mesmo, o dinheiro é para o supermercado, para o que já não tem mais como ser comprado. E, numa situação dessas, a pessoa vai buscar dinheiro fora pagando juros acima de 500% ao ano. Sabe o que é isso? É algo praticamente insustentável. Mas, como eu falei, é sobrevivência. Infelizmente, em alguns momentos da vida, pode ser a única opção. Fazer o quê?

Tem gente que, no desespero, recorre a esse tipo de empréstimo para, por exemplo, não perder a casa própria ou o carro que estão como garantia. Então, é preciso ficar atento, porque, muitas vezes, as pessoas só criticam. E eu quero aqui, também, amenizar essa situação. Lembre-se: **ter dívidas não é um problema!**

Mas pense um pouco! Se pegar dinheiro emprestado para pagar outro empréstimo, vai estar alimentando o ciclo do endividamento não sustentável. É uma verdadeira bola de neve. Não conseguirá sair desse problema nunca. Portanto, qualquer que seja a sua situação, é preciso que você encontre a causa do problema. Há muita gente fazendo a opção de buscar dinheiro com terceiros, mas sem combater a verdadeira causa do problema financeiro.

Olhe para o seu padrão de vida. Qual é o custo de vida que você e a sua família têm? O envolvimento dela (família) é imprescindível.

Buscar algum crédito estando totalmente endividado, desequilibrado financeiramente, com o nome sujo, só se for como exceção, porque, se você estiver com o nome negativado, imagine, se já está quebrado, como é que vai assumir mais uma dívida, buscar mais um compromisso? Certamente, não vai pagar isso. É um caminho sem volta.

Não adianta buscar mais crédito, porque isso não resolverá a causa do verdadeiro problema. E eu reforço: buscar crédito quando você está com o nome negativado só em um caso de extrema necessidade. Evite ao máximo usar o crédito quando você estiver em situações muito difíceis. Com certeza, você pode, sim, ter uma alternativa. E não desista de buscar a causa e, acima de tudo, a solução desta, porque ela existe, é a educação financeira.

Dívida caduca? Veja que não é tão simples

Dívida caduca ou não caduca?

Ter dívidas não é um problema, já sabemos disso. Agora, ter dívidas vencidas e não pagas, isso, sim, passa a ser um problema. Por quê? Porque o seu nome vai para os órgãos de proteção ao crédito, como já mencionado anteriormente. E, quando ele fica negativado, o seu crédito passa a não mais existir, porque todo mundo vai consultar e saber que você tem uma inadimplência, uma dívida que não foi paga.

Chamamos isso de dívidas vencidas já sendo executadas pela instituição à qual você deve, seja ela o comércio, uma financeira ou um banco. Não importa para quem você está devendo, o importante mesmo é que esse registro está lá, negativado.

E o que eu quero lhe ensinar aqui é sobre essa polêmica da dívida caducar ou não caducar. Depois de cinco anos da constituição dessa dívida, ela caduca sim. A dívida acaba sendo retirada dos órgãos de proteção ao crédito, mas o verdadeiro problema não desaparece. Aquela instituição à qual você ficou devendo e não pagou, aquele registro continuará existindo naquela empresa. E tem mais, o Banco Central tem esses registros também. Então, se alguém procurar nos registros de dívidas não pagas, o seu nome estará lá, sim.

E mais ainda, com o desenvolvimento tecnológico, isso fica mais flagrante ainda. A dívida pode ser, sim, retirada do cadastro, mas ela nunca vai desaparecer. No passado, nós não tínhamos tanta tecnologia assim, então havia muito mais processos, papéis e tudo o mais. As pessoas guardavam tudo num arquivo morto e acabavam até se esquecendo, devido ao trabalho de buscar por esses documentos. Por isso que se falava que uma dívida caducava, porque não tinha braços, não tinha tecnologia para buscar esse registro em tempo real.

Hoje, as instituições financeiras, em especial, se conversam. Estão todas elas conectadas.

Ah, você pode pensar assim: "estou devendo nesse banco A, então vou lá buscar no banco B". Esqueça! Eles já estão com os registros totalmente compartilhados, ou seja, estão protegendo o seu próprio patrimônio, o dinheiro que eles emprestam para terceiros. E não tem nada errado nisso.

Então, vamos acabar com esse negócio de falar que dívida caduca, que não vai mais ter problema.

"Ah, mas, Reinaldo, no passado eu fiquei devendo, o meu pai ou o meu avô ficaram devendo, depois isso sumiu."

É porque não havia registros suficientes para resgatar esses dados. Hoje, isso não acontece mais.

Um ponto de atenção que eu quero ressaltar aqui é sobre a execução. Aquela instituição à qual você não pagou o compromisso, certamente vai executar essa dívida. E, é lógico, virá um advogado, virá um monte de problema. E ainda tem as empresas que acabam terceirizando isso, ou seja, até vendendo esse crédito para outra empresa. Chamamos estas de empresas de recuperação de créditos, que são aquelas que vão ligar para você, ligar de novo, ligar novamente, inclusive com o nome daquela instituição – ou seja, se você deve para aquele banco A, elas vão ligar como banco A, porém esse recurso já foi negociado, já foi terceirizado.

Portanto, tenha muita atenção, porque vão ligar, vão mandar mensagem por WhatsApp, vão realmente lhe perturbar, levá-lo ao estresse. Mas você tem que se manter firme, porque, às vezes, não dá para pagar a dívida, pois ela cresceu tanto em questão de juros que é quase impagável.

Por isso, eu afirmo: você até pode estar inadimplente, mas também, ao mesmo tempo, pode guardar dinheiro. E, quando juntar o suficiente para fazer uma proposta que possa quitar a sua dívida, deve procurar o seu credor e propor uma quitação dentro das suas possibilidades, e não das deles.

> **Jose Antonio** 2 semanas atrás
> Sem saber dessa dica a 2 anos atrás venho dando para o meu filho todas a moedas que recebi de troco e falei vai juntando para você tirar sua habilitação. Assim ele fez e está na auto escola com o dinheiro guardado este é o sonho que ele guardou no cofrinho. Agora sei que ensinei para ele o caminho certo. Obrigado pela confirmação.
> 👍 4 👎   RESPONDER

Chega de nome sujo! – Veja como limpar o seu nome

Quando chegamos à situação de estar com o nome sujo, muitas serão as pessoas que se afastarão. Não se aborreça por isso, relaxe. Assim como chegou a esse estado, é plenamente possível também sair dele. Digo isso porque estamos e podemos sair quando quisermos, de verdade, assumir as rédeas de nossa vida financeira.

É muito comum as pessoas falarem: "Reinaldo Domingos, você fala isso porque nunca ficou com o seu nome sujo". Digo a elas: "é verdade. Não cheguei a esse estágio, mas sei como ajudá-las." Lembrando que o médico nunca operou o seu próprio coração, assim como o advogado não defende causa própria.

Com isso, posso ajudar milhares de pessoas a saírem dessa situação. Porém, afirmo que tudo depende delas mesmas, que não podemos fazer por elas. Na Educação Financeira, o conceito é humano, portanto, cada um de nós é responsável pelas próprias atitudes. Como educadores, ensinamos as pessoas a adquirirem autonomia financeira, ou seja, desenvolvemos pessoas com relação aos seus comportamentos financeiros.

Muitas foram as vezes em que provoquei os clientes, nas minhas terapias financeiras, para que buscassem esse estado, ou seja, o do nome sujo. Digo isso porque essa é a última situação em que uma pessoa quer estar, mas que procuro levar à compreensão de que alguém que está com o nome sujo, passa a ter maiores chances de negociar as suas dívidas. Isso porque as empresas de cobrança, quando observam que o cliente cobrado não tem bens e tampouco condições de saldar o montante total das dívidas, acabam buscando pelo que podem receber dele, e não mais pelo que elas gostariam de receber. Com isso, a redução da dívida pode chegar a patamares significativos, em torno de 80% a 90% do seu valor total.

Há casos em que a dívida pode estar em somas tão altas que, se o devedor trabalhasse pelos próximos 10 ou 20 anos, não conseguiria pagar o montante devido, em virtude dos juros exorbitantes cobrados. **Não estou, com isso, apoiando a pessoa a deixar de pagar os seus compromissos, e sim zelando pela recuperação financeira daquele que perdeu até mesmo a esperança de viver.**

Então, a partir de agora, relatarei alguns passos que julgo ser importante seguir para **limpar o nome sujo**:

1º passo: É preciso estabelecer que essas dívidas vencidas serão consideradas como sonho *de sair das dívidas*. Com isso, você poderá fazer um bom diagnostico de todas elas, contemplando: o seu valor original, os juros embutidos nelas, as taxas de juros negociadas, o que já foi pago e o que ainda resta para ser quitado. E, assim, terá o primeiro diagnóstico das dívidas existentes. Lembrando que deverá separar o que são dívidas ainda não vencidas, cujo os pagamentos você tem pleno controle, das dívidas vencidas e não pagas, as que fazem com que seja chamado de inadimplente e possa ou não ficar com o nome sujo. Verifique se já há inserções do seu nome nos órgãos reguladores de crédito, onde ele ficará exposto na galeria de nomes sujos.

2º passo: Estabelecer estratégias de como poderá realizar esse sonho de sair das dívidas com o atual padrão de vida. Será preciso entender o credor. Como ele se comporta em relação à sua dívida. Pode ser que o credor queira receber somente à vista. Nesse caso, você terá que poupar dinheiro e guardá-lo em um lugar onde não possa haver penhora on-line, ou seja, em nome de um terceiro, alguém da sua confiança. Caso o credor tenha interesse no parcelamento, com prestações que caibam no seu orçamento financeiro, o caminho será a negociação imediata. Lembrando que você deverá ter, além desse orçamento, uma reserva estratégica, para que possa garantir qualquer eventualidade que surja pela frente.

3º passo: No caso de você não conseguir guardar dinheiro e tampouco ter o montante da prestação para fazer um acordo, é um sinal que está com um custo de vida, um orçamento pessoal, sem nenhuma possibilidade para disponibilizar qualquer recurso. Nesse caso, então, o caminho é fazer uma faxina financeira em relação ao seu custo de vida. E, para isso, será imprescindível a família tomar conhecimento da situação, para que, juntos, todos possam reduzir gastos e buscar conseguir o valor necessário a ser poupado mensalmente ou para um possível acordo.

4º passo: É importante não fazer outras dívidas enquanto estiver nesse processo. Lembre-se: *dívidas não são um problema*, mas, quando estas geram um descontrole financeiro, é chegada a hora de parar tudo e viver somente com o básico, por um período sempre combinado com os familiares.

5º passo: Uma vez em posse do dinheiro para a quitação ou acordo de parcelamento da dívida, procure o credor e feche o contrato com ele, exigindo que retire o seu nome dos órgãos reguladores de crédito. Lembre-se, ainda, que, o credor tem como obrigação fazer essa retirada em cinco dias.

Percebeu que não é tão difícil assim? Será necessário apenas você envolver os seus familiares para enfrentar esse desafio.

Qual dívida devo pagar primeiro?

Muitas pessoas, quando perguntadas sobre qual dívida pagar primeiro, geralmente dão a seguinte resposta: aquelas que têm juros mais altos, o cartão de crédito e o cheque especial. Como você sabe, eu sou um "quebra- -paradigma" de muitas teorias que se falava no passado. Trago um novo olhar, ou seja, *o óbvio que grande parte das pessoas não consegue enxergar* nessas questões. E uma delas é sobre qual dívida pagar primeiro. A minha orientação óbvia divide-se em:

1º - Essenciais

As primeiras dívidas a serem pagas, sem dúvida alguma, são aquelas essenciais, por exemplo, a energia elétrica, a água, o gás. Não dá para você ficar devendo isso. Por quê? Porque pagará multas e juros, inevitavelmente. Mas esse não é o maior problema, e sim o corte do fornecimento de algo que é essencial para a sua sobrevivência.

2º - Bens em garantia

Depois vêm as dívidas que têm bens em garantia, por exemplo: casa própria, carro, moto, terreno. Se você deixar de pagá-las, certamente perderá esse bem e, além de perdê-lo, também será cobrado com multas e juros. Então, muita atenção para essas dívidas que têm bens em garantia.

3º - Juros mais altos

Aí, sim, vêm as dívidas que têm juros altos. Estou falando do cheque especial, do cartão de crédito, das financeiras e dos agiotas. Aquele dinheiro que você pegou emprestado ou ficou devendo e não conseguiu pagar.

Muita gente vai por esse caminho logo de início, por pagar todas as dívidas que têm juros altos, e acaba perdendo a casa, o carro etc., e até mesmo deixando de pagar as contas de energia elétrica e de água, que são as prioridades nesses casos.

4º - Carnês, boletos e crediários

Na sequência, vêm os carnês, boletos e crediários. E, nesses casos, você pode segurar um pouquinho mais, porque os juros não são tão altos, e pode conseguir até uma boa negociação, mais alongada, fazendo com que esses valores caibam no seu orçamento financeiro. Fique sempre atento a isso. Não dá para fazer acordos ou negociações para dívidas atrasadas para, simplesmente, depois não pagar. Preste atenção! Só negocie e faça um acordo quando você efetivamente tiver a certeza de que vai honrar esse compromisso.

5º - Impostos

Nós temos também os impostos, por exemplo, o IPVA, o IPTU, o imposto de renda. Quando você deve, não faz o pagamento deles em dia, as multas são pesadas. Por isso, muita atenção também às suas despesas tributárias e fiscais. E no caso do IPVA, estará impossibilitado de circular com o veículo.

6º - Amigos e parentes

Você deve estar se perguntando assim: "mas como é que ficam os meus amigos e/ou os meus parentes com quem eu peguei dinheiro emprestado?". Olha, nesse caso, você precisa conversar com eles. Pode ser que consiga um prazo maior. Porém deve olhar muito bem para essa pessoa. Imagine um parente ou um amigo que acreditou em você e que, de repente, você não paga. Você vai perder o amigo, vai perder o afeto de um parente. É uma situação superdelicada. Por isso, antes de pedir dinheiro para parentes e amigos, pense que terá que pagar em dia. Caso contrário, procure um agente financeiro, que é melhor. Lembre-se, empréstimos de parentes e amigos não são regulamentados, ou seja, não é legal.

Observação: Muitas das dívidas são pagas por meio de débitos automáticos ou agendamentos de transferência de valor, que trazem vantagens e desvantagens. A vantagem é que você terceirizou para o banco a obrigação de não esquecer a data de vencimento. A desvantagem é que, pela praticidade desse recurso, as pessoas acabam deixando de controlar os pagamentos e, com isso, pode acontecer de debitarem na sua conta corrente algo que não seja devido, como a conta de energia elétrica que pode ter sido lida de maneira errada e gerado uma fatura indevida, que, muitas vezes, pode passar de forma desapercebida ou, ainda, gerar dificuldades quanto ao seu reembolso.

Bom, essas são as dívidas normais, do dia a dia, do cotidiano, com as quais as pessoas acabam se enrolando e ficando inadimplentes. Por isso, temos milhões de inadimplentes no país, ou seja, de brasileiros que não pagam as suas dívidas. Por quê? Porque não tiveram o cuidado de saber e nem mesmo de fazer com que as prioridades fossem levadas a sério.

Além disso, temos uma dívida que eu citei, da qual é muito complicado de se falar, mas que não posso deixar de mencionar, que são as dívidas com agiotas. Aí muda tudo! Até porque, nós temos agiotas que são pacientes, parceiros e aqueles que são frios e de pouco diálogo. Então, fique esperto, para evitar esse tipo de empréstimo, que pode até ser uma solução, mas em outros casos, pode também trazer grandes transtornos.

E, antes de sair fazendo acordos ou até mesmo de querer pagar as suas dívidas, atente-se para ter total controle do que você ganha e do que gasta e lembre-se de que o meio para que tenha êxito é estar educado financeiramente.

Feirão Limpa Nome vale a pena?

Vamos conversar sobre um dos meios para pagamento das dívidas vencidas, que é conhecido como Feirão Limpa Nome. Ele acontece de forma presencial e/ou virtual.

Isso é bom ou é ruim?

Depende. Trata-se de mais uma oportunidade para que você possa resolver o seu problema financeiro, limpar o seu nome, o que, muitas vezes, achou que era impossível.

Mas é preciso que esteja preparado para, desta vez, liquidar a situação de inadimplência. Assim como temos que ficar atentos às compras por impulso, devemos ficar atentos à possibilidade de acordos. A grande maioria das pessoas faz acordos por impulso, fora da sua capacidade de pagamento.

O caminho começa antes mesmo de você enfrentar o credor. Falando nisso, já está errado usar o termo "enfrentamento". Você deve ir lá com o coração aberto, para que possa realmente colocar a sua situação financeira na mesa, e, é lógico, sabedor dos seus limites. Uma grande parte das pessoas que fazem os seus acordos voltam a ter problemas nos meses seguintes. E todo o seu esforço vai por água abaixo.

Uma observação importante aqui é que, quando você faz um acordo, assina uma confissão de dívidas. Olha só, você está se declarando devedor. Preste atenção a isso! Às vezes, aquela dívida que você tinha no cheque especial ou no cartão, sobre a qual não assinou nada, quando veio um crédito e usou sem ter nenhum lastro, agora, quando faz um acordo, vai existir um documento, um contrato, que aí você assinou. E, quando assina, isso pode, sim, ser executado com muito mais força e pode lhe levar realmente a complicações muito maiores.

Para que você faça uma negociação consciente, precisa primeiro fazer um diagnóstico do que realmente deve.

É mais ou menos assim: aquela dívida que você contraiu e tinha um valor principal, que não foi paga nos seus respectivos vencimentos, foi acrescida de juros, multa e correções. É preciso apurar qual era o valor principal da dívida. Com isso, haverá clareza do que efetivamente é a sua dívida real, e você poderá, dentro das suas possibilidades, do que o seu orçamento permite, propor algo que esteja alinhado com a sua capacidade de pagamento.

> **Carlos Eduardo** 7 meses atrás
> Bem ,já passei por muita coisa...deixei caducar...fiz acordo e paguei uma micharia....me deram um cartão novo ainda...
> Importante e fazer acordo que possa pagar ai o crédito volta....rápido....
> 👍 👎 RESPONDER

Um ingrediente de que eu sempre falo, seja nas minhas formações, livros ou no canal Dinheiro à Vista, é o *tempo*, seja para fazer uma compra, seja para você realmente investir nos seus passeios. Para fazer uma boa negociação, em especial quando o seu nome está em jogo, é preciso ter tempo. Você vai ter que dedicar tempo para fazer aquele acordo.

Muitas vezes, vai fazer isso on-line, então tem que parar, pensar e fazer contas e simulações no seu orçamento financeiro. Mas, quando está presencialmente diante do seu credor, aí terá que ser simpático. Você tem que realmente colocar os números na mesa, para você dizer assim: "eu já fiz isso, já estruturei a minha vida, já está assim e assado". E o seu credor, com certeza, quer receber. Então, como você quer pagar, fica tudo muito legal.

Nada de ficar de cara feia. As pessoas, às vezes, vão fazer um acordo com a cara fechada. Acredite, esse credor que está na sua frente, muitas vezes, quer lhe ajudar, mas você precisa estar aberto para essa ajuda. Por isso, a importância de ter um bom diálogo, de bom nível, no qual todos ganharão.

Agora é o seguinte, se você perceber que também não tem condições de assumir o parcelamento desse acordo: "Desculpe. Devo. Não nego. Pago quando e como puder." Você não pode assumir aquilo que não pode pagar e, principalmente, não pode assinar algo que não vai conseguir cumprir.

E, após fazer acordo e assinar tudo, é importante ficar atento, de olhos abertos, para saber se o seu nome já saiu lá do registro negativo, ou seja, se não está mais nos órgãos de proteção ao crédito. E aí você vai ter o seu nome adimplente, limpo. Olha que legal! Do nome sujo ao nome limpo. Isso, sim, é bacana.

O que eu quero aqui, para fecharmos esse tópico, é chamar a sua atenção. Porque o que levou você à falta de pagamento e se tornou um inadimplente, provavelmente foi o seu desequilíbrio financeiro, na sua vida financeira, no seu dia a dia, no seu orçamento pessoal.

Por isso, quando fizer qualquer acordo, é fundamental, é imprescindível que já tenha feito uma boa faxina financeira nos seus números e nas suas finanças, porque foi lá que se gerou o problema. Se você não combater a causa e fizer tudo para ter realmente a sua vida equilibrada financeiramente, dificilmente vai manter a situação de adimplência. Por isso, a educação financeira faz muito sentido na sua vida.

EDUCAÇÃO FINANCEIRA NA PRÁTICA

Todas essas orientações apresentadas até aqui neste livro só foram possíveis porque existe um jeito de fazer, o que intitulo de Educação Financeira. E, para que você conheça a essência disso, o significado da Educação Financeira, apresentarei a Metodologia DSOP, para que possa começar a praticá-la. Ela está no meu long-seller *Terapia Financeira*, Editora DSOP.

DSOP: quatro letras que mudarão a sua vida financeira

Agora vamos falar um pouco sobre a Metodologia DSOP de Educação Financeira.

Ela é a base de tudo o que faço, vídeos, livros, terapias, palestras, cursos, aulas. Faz parte da minha história de vida.

Estou falando, então, de uma metodologia vivencial? Sem dúvida alguma. Desde quando comecei, lá com 12 anos de idade, como auxiliar de camelô, quando fui para São Paulo, morei em pensionato, até os meus 37 anos, quando me tornei independente financeiramente.

Foi quando eu comecei a escrever o meu primeiro livro, *Terapia Financeira*, que descobri que tinha um método, um jeito de fazer. E quero, aqui, mostrar a você um pouco sobre os quatro passos desse método, que vem transformando vidas, corrigindo problemas financeiros da atual geração e, principalmente, levando adiante e construindo novas gerações saudáveis e sustentáveis financeiramente.

Então por que DSOP? São quatro letras: D, S, O e P, de **D**iagnosticar, **S**onhar, **O**rçar e **P**oupar. Essas quatro letras são os quatro passos que eu vou lhe ensinar resumidamente.

Diagnosticar

O primeiro passo, diagnosticar, tira uma fotografia da sua vida financeira. Para quem tem salários fixos, de um período de 30 dias; para quem tem salários variáveis, de 90 dias.

Mas como diagnosticar? Do mesmo modo que você faz um checkup clínico médico uma vez por ano, na Metodologia DSOP, isso também ocorre. Diagnosticar financeiramente é fazer uma fotografia desse período de dias, para saber para onde está indo cada centavo do seu dinheiro.

E, para isso, eu sempre recomendo o Apontamento Financeiro, para que você possa conduzir melhor a sua vida financeira e fazer o seu diagnóstico junto com a família. Nele, vai descobrir que, em média, tem despesas em excesso em 20%, 30%, 40%, até 50% do seu cotidiano. É para isso que serve o diagnosticar.

Sonhar

O segundo passo é sonhar dentro de uma metodologia de Educação Financeira? É isso mesmo. Sonhar, porque os sonhos são o antídoto para combater aquelas despesas que nós iremos reduzir. Por isso, sonhar é algo que movimenta, que motiva. E não é sonhar um sonho só não. São no mínimo três sonhos: o de curto, o de médio e o de longo prazo.

Prazo	Adulto	Criança
Curto	Até 1 ano	Até 3 meses
Médio	Até 10 anos	Até 6 meses
Longo	Acima de 10 anos	Acima de 6 meses

Mas como fazer com que esses sonhos sejam realizados? É simples. Você precisa saber:

- qual é o sonho;
- quanto ele custa;
- quanto vai guardar;
- em quanto tempo; e
- o mais legal disso tudo, onde buscar o dinheiro para realizá-lo.

Lembra-se do primeiro pilar: diagnosticar? É lá, cortando aqueles excessos de despesas, reduzindo-as, que você entra com os seus sonhos.

Definidos os sonhos individuais e coletivos da família, é a hora de partir para o terceiro passo: orçar.

Orçar

Estou falando de um orçamento financeiro muito diferente do orçamento financeiro tradicional. Vamos pensar do modo tradicional? Ganho (-)

Gastos = se sobra, eu gasto de novo; se falta, eu recorro ao crédito. Não é assim que funciona? É esse o modelo que foi implementado ao longo dos anos, para as nossas gerações que passaram e para a atual geração também. Ainda bem que a Educação Financeira está indo para dentro das nossas escolas, para corrigir esse problema, e aí ter novas gerações saudáveis financeiramente.

Nesse orçamento, eu proponho uma mudança de modelo mental – é isso mesmo, modelo mental. Em vez de colocar as despesas lá em segundo plano, logo depois do ganho, vamos colocá-las de forma diferente. Olha só como fica:

Ganhos − **Sonhos / Prestações / Dívidas** − **Despesas**
Reserva Estratégica

"Como assim? Você está falando, então, que as despesas são o último plano?"

Exatamente. Antes vêm os sonhos, de curto, médio e longo prazos, coletivos e individuais da família. Vêm também as prestações com as quais você já se comprometeu nos seus orçamentos anteriores, o que você comprou e não pagou ainda, está pagando prestações.

Também vem uma reserva estratégica, que blinda esses sonhos e as prestações. Por que uma reserva estratégica? Porque você precisa ter um dinheiro para eventualidades, como aquela viagem inesperada, aquele aparelho ortodôntico do seu filho...

Enfim, o mais importante é que, no orçar, o que você prioriza mesmo são os sonhos.

Poupar

O que é poupar? Poupar é reter, proteger, salvar, guardar dinheiro. Há muitas pessoas que ainda confundem poupar com investir.

Poupar é isso o que eu falei. Investir é potencializar o dinheiro guardado. Então, é simples: para que você possa fazer uma boa poupança, não necessariamente vai só poupar dinheiro.

"Mas como assim?"

Lembra-se do primeiro pilar, diagnosticar? Nós não propomos para você que reduzir gastos, por exemplo, de 30%, 40%, 50% de excessos que tem na sua casa? As suas crianças vão ajudar, a família vai se comportar para reduzi-los. Essa redução significa poupar com relação àqueles excessos que você tinha.

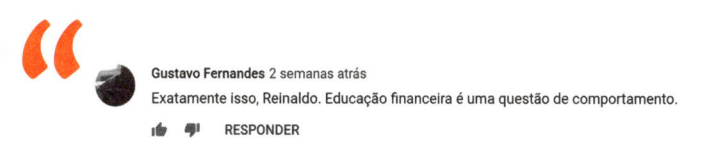

> **Gustavo Fernandes** 2 semanas atrás
> Exatamente isso, Reinaldo. Educação financeira é uma questão de comportamento.
> 👍 👎 RESPONDER

Então, você pode poupar com a energia elétrica, a água, o telefone, o supermercado, a padaria. Todos os gastos da sua família devem ser poupados, para que você possa canalizar esse dinheiro ou recurso para os sonhos. Quanto aos sonhos, eu falei sobre os de curto, de médio e de longo prazo. Para isso, é preciso colocar esse dinheiro, pelo menos, para render.

"Mas render o quê?"

Render juros. Estamos falando de juros, porque você colocará o dinheiro em investimentos, que podem ser de curto prazo: caderneta de poupança ou tesouro direto. Mas pode pensar também nos de médio prazo: tesouro direto, CDB, LCI, LCA, ouro, fundo de investimento, consórcio. E nos de longo prazo: previdência privada, tesouro direto, ações, imóveis, consórcios.

Enfim, temos, no Brasil, uma diversidade muito grande de investimentos. Mas lembre-se: investir é potencializar, é pelo menos ganhar um pouco mais do que o valor da inflação, para que o seu dinheiro seja protegido da própria inflação, ou seja, para que ele não se desvalorize.

Entendeu agora? Tudo legal? Estamos conversados? São quatro passos: Diagnosticar, Sonhar, Orçar e Poupar. Então, agora você os conhece, e eles estão no meu livro *Terapia Financeira*. Podem transformar a sua vida e a da sua família, em especial, para realizar todos os seus sonhos.

Você conheceu a Metodologia DSOP de Educação Financeira. A Educação só tem a sua eficácia quando se conclui o ciclo, quando aprendemos, praticamos e repassamos. Portanto, chegou o momento, pratique e repasse para seus familiares e amigos.

Quanto tempo você sobrevive sem salário?

Vamos imaginar que você perca o seu trabalho, o seu emprego hoje. Quanto tempo conseguiria manter o seu padrão de vida, pagar as suas contas?

Certa vez, tive a seguinte conversa com um amigo:

"Amigo: Reinaldo, você não vai acreditar. Eu tenho dinheiro para viver o resto da minha vida.

Eu: Que ótimo!

Amigo: Desde que eu morra até hoje à noite."

Brincadeiras à parte, essa é uma situação realmente já crônica nas famílias brasileiras, ou seja, as pessoas não têm sustentabilidade. O poder aquisitivo já se perdeu há muito tempo. O poder de compra então!... Há muito tempo eu não tenho um dissídio, por exemplo?

Vou falar dos funcionários públicos. Há estados que não repassam nem um centavo de aumento há mais de seis anos. Imagine isso. O poder aquisitivo dessas pessoas já foi lá para 70% a menos. E o que elas fizeram para combater isso, para resolver esse desequilíbrio?

Isso junto com a falta da cultura da educação financeira, sem dúvida alguma, torna a situação ainda mais grave.

Apresento uma pesquisa elaborada pelo Instituto Axxus, promovida pela ABEFIN e chancelada pela Unicamp. A pergunta proposta foi: "Se você perdesse o seu emprego hoje, se deixasse de receber o seu salário, por quanto tempo conseguiria manter o seu atual padrão de vida?" E as respostas foram assustadoras:

- 56% dos participantes aguentariam apenas alguns meses;
- 36%, até um ano e meio; e
- somente 8%, até cinco anos.

Embora triste, essa é a verdadeira situação das famílias brasileiras. E essa pesquisa foi feita em cem das maiores empresas do Brasil, cujos colaboradores têm 13º, férias, benefícios de vale-transporte e vale-refeição e previdência complementar. Realmente isso é de se espantar muito.

Agora, imagine para o trabalhador que não tem ganho recorrente, são autônomos, não tem 13º, não tem férias? Certamente, a situação é de calamidade.

Só há uma saída: pela educação financeira. É preciso investir em conhecimento e, acima de tudo, buscar ter uma reserva financeira que possa sustentar você, quando não quiser mais trabalhar. Chamamos isso de independência financeira, a aposentadoria sustentável – o nome tanto faz, pode ser qualquer um. O mais importante é que você tome a decisão de fazer e começar agora.

"Mas, Reinaldo, eu não tenho nenhum dinheiro. Não tenho nenhuma reserva. Não sobra. Eu gasto mais do que recebo."

É simples: você vai ter que fazer, sim, uma faxina financeira. Reúna a família, procure uma solução, ela está dentro da sua casa. Acredite, os seus filhos, o seu cônjuge, todo o mundo sentado e buscando o equilíbrio financeiro.

Para que possa começar a desenvolver o hábito de poupar, guarde parte do dinheiro que passa pelas suas mãos.

Lembre-se do seu primeiro salário. Você poderia ter guardado alguma coisa dele. Não começou guardando. Criou o hábito de não guardar, e agora você tem que parar tudo e fazer essa tal faxina financeira, que vai lhe ajudar certamente.

E, para saber mais sobre essa pesquisa, vou deixar aqui o link para você conhecer as informações e saber que há mais coisas graves acontecendo, além dessa pergunta que eu lhe fiz: https://www.dsop.com.br/empresas/

> **tga blouce** 2 meses atrás
> Professor Reinaldo comecei a assistir seus vídeos a 1 mês e já vi todos os vídeos seus já. Obrigado por clarear minha mente, não sei se eu estou absorvendo de maneira certa mais creio que sim. Olhei um vídeo seu dizendo que se eu tenho um dinheiro para quitar algo é melhor deixar essa reserva financeira guardada do que quitar dívidas. O senhor está totalmente certo, eu mudei meus conceitos com aquele vídeo onde o senhor professor ensina. Realmente não se pode deixar a reserva financeira e quitar dívidas, "Porque quem tem poder tem dinheiro na mão e não é dívida quitada não." Esse vídeo seu mudou todos os meus conceitos e olha que eu sempre paguei as dívidas em dia, e vou continuar a pagar, porém nunca mais antecipar uma dívida, e tirar minha reserva financeira para quitar porque como o senhor professor disse o dia de amanhã não se sabe posso precisar do dinheiro e quem tem poder tem dinheiro guardado. O banco com bilhões de dinheiro nao quita dívida a vista. Eles financiam tudo e porque eu com pouco dinheiro vou antecipar a dívida. Parabéns professor espero que eu esteja entendido bem suas mensagens e concelhos obrigado.
> Mostrar menos
> 👍 1 👎 RESPONDER

Crie agora uma reserva de emergência!

Agora vou lhe ensinar como criar uma reserva de emergência. Antes de mais nada, quero propor a você que mude a forma de falar. Não use mais o nome reserva de emergência. Proponho que você adote "**reservas estratégicas**". A finalidade principal da reserva estratégica está exatamente na proteção, na blindagem dos seus sonhos e das suas prestações.

"Como assim?"

Vamos pensar no seu orçamento financeiro. Para muitos, o orçamento financeiro é assim: ganha, gasta e, se sobrar, faz. Aqui você já aprendeu sobre o orçamento financeiro. É o que você ganha, menos os seus sonhos, menos suas prestações, daí terá que ter uma reserva estratégica e somente depois, as despesas. É disso que vamos conversar.

Por que ter a reserva estratégica? Para blindar os seus sonhos e as suas prestações. Imagine se você tivesse um desequilíbrio financeiro neste momento. Quanto dinheiro disponível você teria? Bom, as despesas já têm, não dá para deixar de pagá-las. Os sonhos estão lá, de curto, médio e longo prazos, pois você está guardando para eles. E você tem as prestações de uma casa própria, de um carro e até mesmo de magazines, aqueles carnês.

Então, você precisa ter essa reserva, para que proteja essas prestações e esses sonhos, o que vai lhe dar uma tranquilidade financeira de grande proporção. Muitas pessoas não têm reservas estratégicas. E acabam deixando de pagar os seus compromissos e até mesmo uma conta de energia elétrica, de água e telefone, por exemplo. Por quê? Porque não dá para deixar de pagar a casa própria. Então, aquela prestação da casa própria precisa ser protegida. Olha só como a reserva estratégica pode e deve ser respeitada.

Mas quanto ter? Qual valor ter de reserva estratégica? Eu proponho a você pelo menos o valor de um a três ganhos mensais. Isso mesmo, três salários. Por exemplo: vamos pensar que você tem um ganho de R$ 3.000,00 por mês. Se você tem R$ 3.000,00 por mês, você deveria ter pelo menos de R$ 3.000,00 a R$ 9.000,00 de reserva estratégica.

E, assim, você teria esse dinheiro aplicado. Onde? Numa caderneta de poupança, por exemplo. Porque lá você tem uma liquidez, de lá pode retirar esse dinheiro a qualquer momento e sem qualquer tipo de taxa e imposto de renda. Essa reserva vai ficar ali pronta para a utilização.

"E se eu não utilizar isso?"

Não tem problema nenhum. A reserva, aquilo que está na caderneta de poupança, estará rendendo mensalmente os juros. Por que não?

Você pode estar pensando assim:

"Reinaldo, você está falando aqui da reserva estratégica, se eu tiver, mas eu não tenho nada agora, neste momento. Eu mal estou conseguindo pagar as minhas contas."

Então é hora de parar tudo. Nós estamos no momento de fazer uma grande reflexão, na qual a reserva estratégica tem que fazer parte do seu orçamento financeiro.

"Onde eu vou buscar isso?"

Nos seus próprios gastos, na sua conta de energia elétrica, de água, de telefone, do supermercado, da padaria, naqueles gastos que você acaba tendo em excesso. É de lá que vai começar a tirar uma parte desses excessos e transferir para a sua reserva estratégica. Mas é preciso que tire o valor antes de sair gastando durante o mês. Você pode até estabelecer um percentual todo mês, para já começar a guardar a sua reserva estratégica. Por exemplo, 2%, 3%, 5% do valor líquido que ganha, para que possa já guardar antes de sair gastando. Esse é o segredo.

Muitas pessoas não conseguem, porque deixam para retirar no final do mês, ou seja, o que sobrar vão começar a guardar para a reserva estratégia. Sabe o que acontece? Não dá certo, ela não vai acontecer.

É por isso que a educação financeira é algo comportamental. Você realmente tem que pensar nesse modelo mental e mudar o seu orçamento. A reserva estratégica vai dar a você a condição de blindagem dos seus sonhos e das suas dívidas. Veja a importância desse tema.

Você pode estar me perguntando: qual é a diferença entre a reserva dos meus sonhos e a reserva estratégica? A reserva estratégica não tem carimbo dos sonhos. Imagine que você está guardando dinheiro para uma casa própria, para um carro, para uma viagem. Está carimbando esse dinheiro, ou seja, tem o destino dele já definido. A reserva estratégica não.

"Então, ela serve pra quê?"

Para que, no caso de você ter um desequilíbrio, não deixe de realizar os seus sonhos. Mas também serve para aqueles momentos de eventualidade, seja positiva ou negativa. Por exemplo: um aparelho ortodôntico para o seu filho, uma viagem repentina, ajuda para uma pessoa da família ou até mesmo para você, que pode, a qualquer momento, fazer algumas extravagâncias – como aquela viagem no fim de semana, para a qual os seus amigos lhe convidam, e você acaba indo. A reserva serve para isso, para aqueles momentos que não estão planejados na sua vida. Olha que bacana é a reserva estratégica!

E atenção para não usá-la simplesmente para coisas que são do seu cotidiano. "Ah, eu vou comprar um sapato, então vou usar reserva estratégica?" Não! Preste atenção! Essa reserva estratégica é para algo que eventualmente possa acontecer, então você precisa tê-la sempre protegida também, porque, senão, acaba falando: "ah, mas eu mereço isso", "eu mereço aquilo". Aí não vai ter reserva estratégica nenhuma.

Portanto, ela é algo para ser respeitado. Você não pode desprezá-la, ou seja, ela precisa existir. E, para que possa existir, você precisa também estar consciente dos seus gastos e das oportunidades que vão aparecendo pela frente. Muita atenção para que a reserva não seja canalizada para o cotidiano e você deixe de tê-la.

> Sabe por que temos milhões de brasileiros inadimplentes? É simples: porque eles não tiveram reservas estratégicas para blindar, para proteger as suas prestações. É por isso, simplesmente por isso.

Então vamos lá proteger os seus sonhos, as suas dívidas e ter sempre a sua reserva estratégica, para que você possa ter uma vida mais saudável, mais sustentável financeiramente. Esse é o objetivo.

Por isso, a educação financeira é algo tão relevante na sua vida. Como diz um velho ditado, "é melhor prevenir do que remediar".

Dez mandamentos para não se endividar

Estes são os dez mandamentos para quem não quer se endividar de forma não sustentável:

1º mandamento: Diagnóstico Financeiro

É preciso fazer uma anotação de tudo o que você gasta e ganha por 30 dias. O cafezinho, a padaria, o supermercado, a energia elétrica, a água, o telefone, enfim, toda a sua movimentação financeira. Depois de 30 dias, totalizar por tipo de despesas e receitas. Apresente essa fotografia financeira para a família.

2º Mandamento: Sonhos

É preciso reunir a família para falar sobre sonhos, inclusive as crianças. Numa mesa, ter uns comes e bebes. É legal que seja uma reunião agradável. Coloque papel na mesa, vamos anotar tudo, escrever e desenhar. Estes sonhos precisam vir realmente para a família, e com isso poderão definir novos caminhos. Chamamos isso de um agente motivador. É preciso também saber quanto custa cada sonho, quanto vamos guardar, de onde vamos tirar e em quanto tempo queremos realizá-los. Um dos sonhos que não pode ser esquecido é sair das dívidas, porém chamo sua atenção para que ele não seja o único. É muito comum as pessoas que estão com nome sujo, priorizar somente esse problema, e com isso, a família não se estimula.

3º Mandamento: Orçamento financeiro que prioriza sonhos

O que é isso: priorizar sonhos? É colocar os sonhos antes das despesas. É preciso que você análise. É preciso que você controle o dinheiro que entra e o dinheiro que sai. O orçamento financeiro tem esta finalidade de você saber que os seus sonhos vão estar protegidos daquelas despesas. Lembra o primeiro? Você protegeu, fazendo o quê? Derrubando todos os seus custos. É hora de derrubar gastos em excessos que representam de 10 a 40%. É lá no diagnosticar, no 1º mandamento que você fará isso. Nesse 3º, você terá o controle do dinheiro que entra e do dinheiro que sai, priorizando os seus sonhos.

4º Mandamento: Poupar

Poupar é reter, proteger, guardar, salvar. É preciso pegar o dinheiro que foi reduzido lá no 1º, no diagnosticar. Pegar aquele dinheiro que você reduziu os seus gastos, estabelecer seus sonhos, lembra-se? Saber quanto você vai guardar para cada sonho. Colocar no orçamento que blinda os seus sonhos, ou seja, antes das despesas e vai poupar, guardar e proteger. É esse o ponto. Não estou falando aqui nesse momento de investir. É lógico que você vai colocar numa aplicação financeira, seja de curto, médio ou longo prazo. Mas poupar significa, você guardar para alguma coisa. É preciso carimbar o dinheiro que você economizou, lá para aqueles sonhos. E o poupar tem essa finalidade, proteger os sonhos.

5º Mandamento: Gastar menos do que você ganha

Esse é o segredo para a realização de sonhos. Muitas pessoas até falam, mas por não terem uma metodologia de educação financeira, acabam se frustrando e até acreditando que possam não alcançar esse feito. Porém, eu afirmo, se aprenderem e praticarem certamente serão vitoriosas nas suas trajetórias de vida.

6º Mandamento: Cartão de crédito

Ele é responsável por mais de 80% dos inadimplentes no Brasil. Por isso o cartão de crédito tem que ter limites abaixo dos seus ganhos mensais. E é preciso ficar atento aos parcelamentos, aqueles de 1/5, 1/10, porque são eles que tem levado grande parte da população brasileira a sujarem seus nomes, ou seja, ficarem com o NOME SUJO.

7º Mandamento: Cheque especial

Ter o limite do cheque especial para muitos foi até mesmo motivo de comemoração, isso acontecia muito no passado. Quando um gerente autorizava um aumento no limite do cheque especial, deste ou daquele cliente. Para o cliente, isso significava ter status, até poderia ser que ele utilizasse de forma consciente, com responsabilidade, mas isso não acontecia, como também ainda não acontece.

Aliás, só se agravou, hoje essa linha de crédito, nem precisa ser solicitada para o gerente, ela já vem aprovada quando da abertura das contas-correntes, mas uma vez nada errado até aí. Se todos tivessem se educado financeiramente, isso deixaria até de ser um problema. Portanto, a recomendação aqui é, enquanto não estiver educado, procure evitar essa linha de crédito, se possível, nem tê-la.

8º Mandamento: Reserva Estratégica

Manter reservas estratégicas, aquelas que erroneamente chamamos de reservas emergenciais. É preciso ter reservas, de 1 a 3 ganhos mensais, para não ter problemas e aproveitar as oportunidades.

9º Mandamento: Essencial x Supérfluo

É preciso diferenciar as despesas que são essenciais, das despesas que são supérfluos. Esse problema é muito delicado de ser falado, porque somos seres humanos semelhantes, mas muito diferentes em relação aos hábitos e comportamentos, quando da utilização do dinheiro. O que é supérfluo para mim, para você pode ser essencial, e vice e versa. Essa questão, deve ser muito bem dialogada entre os familiares, visto que, se houver o entendimento e o consenso entre todos os membros, tudo ficará mais fácil de ser entendido e decidido.

10º Mandamento: Á vista e com desconto

Antes de fazer a escolha do pagamento à vista ou a prazo, é preciso conhecer e dominar o orçamento financeiro. É nele que você verificará sobre a decisão de compra. Nem sempre um desconto pode ser sinônimo de vantagens, portanto toda análise é sempre bem-vinda. E nunca se esquecendo dos próximos 6 a 24 meses pela frente, porque a decisão do pagar à vista, não pode vir de forma isolada. A visão tem que alcançar meses à frente, assim, poderá fazer a melhor escolha.

Uma das maiores e mais importantes poupanças ou formas de guardar dinheiro é: poupar para comprar à vista e com desconto. Aliás, hoje os descontos que você pode obter são maiores do que muitas aplicações financeiras no Brasil.

Você coloca em prática alguns desses mandamentos? Se a resposta for alguns, eu aconselho você a rever a forma de conduzir a sua vida financeira. O mais recomendável é que você adote os 10 mandamentos, e com isso, possa prosperar e realizar muitos sonhos e propósitos.

Ciclo de uma vida sem dívidas

Você sabia que existe um ciclo para se ter uma vida sem dívida não consciente?

Estar endividado é uma escolha, mas ter dívidas também não é um problema. Já conversamos aqui sobre como você pode ter uma vida sem dívidas não conscientes. São várias orientações, que dividimos em quatro partes para ficar mais fácil: **Diagnosticar, Sonhar, Orçar e Poupar**. Preste muita atenção, porque essas orientações vão fazer você viver com ou sem dívidas de forma sustentável e consciente. E o mais importante: você deve retomá-las de tempos em tempos.

Diagnosticar

Aqui há pontos muito interessantes:

- faça um diagnóstico financeiro para apurar para onde está indo cada centavo do seu dinheiro;
- busque saber o que é essencial e o que é supérfluo nos seus gastos;
- combata o analfabetismo financeiro, o seu e o da sua família;
- aprofunde-se em conceitos sobre o que é o consumismo e evite-o;
- avalie as propagandas do marketing publicitário e saiba o que realmente lhe interessa;
- lembre-se que ter crédito não é um problema, mas tome cuidado com crédito fácil, porque, muitas vezes, você nem precisa disso.

Sonhar

- Tenha, no mínimo, três sonhos ao mesmo tempo: de curto prazo, de médio prazo e de longo prazo. Quer saber o tempo desses prazos? Curtos: até um ano; médios: até dez anos; e longos: acima de dez anos.
- É preciso saber também sobre desejo imediato e sonho verdadeiro. Provoque isso na sua família.
- E reforço que é fundamental você definir o tempo certo para cada sonho.

- Não se esqueça de que, para cada sonho, é preciso guardar dinheiro. E lembra da primeira parte, diagnosticar? É lá que você vai reduzir os gastos para obter esse dinheiro.
- E, para finalizar esse ponto, é preciso que os sonhos sejam prioridade no seu orçamento.

Orçar

- É analisar sua situação financeira.
- É preciso adotar um novo modelo mental para o seu orçamento, um que priorize os sonhos em primeiro lugar.
- Não se esqueça de que, no seu orçamento, deve existir uma reserva estratégica, aquela que todo mundo chama de reserva de emergência.
- Evite ter muitas prestações, seja cauteloso.
- O grande segredo de orçar é viver e respeitar o seu orçamento financeiro, nunca gastar mais do que você recebe, ou seja, respeitar o seu padrão de vida.

Poupar

- Poupar é carimbar o dinheiro guardado, pois é preciso atrelá-lo aos sonhos.
- Evite pagar juros e, de preferência, ganhe juros.
- É preciso que seus investimentos, estejam adequados ao tempo dos sonhos.
- Não brinque com os seus investimentos; e sempre esteja atento à rentabilidade deles.
- Poupar é um estado de êxtase, um momento singular, que faz muito bem para o nosso psicológico, mas não deve ser objeto de obsessão, o equilíbrio deve ser respeitado.

Viu como não é difícil? Se você seguir essas minhas orientações e fazer com que esse ciclo seja retomado de tempos em tempos, esse será o segredo para garantir uma vida financeiramente saudável e com dívidas controladas.

CONCLUSÃO

Chegamos ao começo do fim. Fim das suas dívidas não conscientes e começo de uma nova vida, com dívidas conscientes. Lembre-se, não conseguimos viver sem dívidas, elas fazem parte do ciclo da vida. **Atire a primeira pedra quem nunca teve e nunca terá dívida**.

O maior desafio de todos os tempos, é buscar pelo equilíbrio do SER e do TER, e para isso recomendo o meio para que possa FAZER que é adotar um jeito de administrar o dinheiro que você ganha e o dinheiro que você gasta.

Independentemente da forma que você gasta seu dinheiro, você deve acreditar que ele sempre será empregado ou atrelado a algum gasto, podendo ser esse uma necessidade, um sonho, uma reserva ou uma prestação, enfim, ele sempre terá caminhos a serem percorridos. E você, será o autor que tomará essas decisões, lembrando ainda que, o futuro de sua família, depende diretamente de suas atitudes do presente.

Essa obra está embasada em minha vivência. Esses ensinamentos que você acabou de ler, vieram dos meus pensamentos e fala materializados no Canal Dinheiro à Vista.

Na educação o aprendizado só é internalizado quando lemos e relemos por algumas vezes. Isso porque, a visão da primeira leitura não consolida o conhecimento. Então, convido você para uma nova leitura, só que esta agora, com mais cautela, com mais atenção, e se possível, colocando em prática cada ensinamento. Mesmo que parte deste aprendizado você já tenha enraizado em seus conhecimentos, recomendo que leia novamente para consolidar seus hábitos e comportamentos em relação as práticas vivenciadas.

Gosto de uma frase que escrevi no meu livro *Mesada Não É Só Dinheiro*, que diz: Mais aprende quem tem o dom de ensinar. Agora com esse conhecimento adquirido nessa obra NOME SUJO PODE SER A SOLUÇÃO! poderá ser o influenciador e levar a esperança para aqueles que já a perderam.

A solução que procuramos muitas vezes encontramos naquilo que entendemos ser o pior, o mais ruim. Alerto você para que sempre fique atento para os problemas que enfrentará em seu ciclo de vida. Porque o que parece ser o fim, pode ser o começo. Convido você então a fazer e praticar esse jeito simples que está materializado pela Metodologia DSOP de Educação Financeira, o qual tenho orgulho de ser o seu mentor.

Um grande e fraterno abraço,

Ph.D. Reinaldo Domingos

SOBRE O AUTOR

Reinaldo Domingos é Pós-Doutorado pela *Florida Christian University* com teses sobre Educação Financeira e Educação Empreendedora embasadas na **Metodologia DSOP**. Educador e Terapeuta Financeiro, é autor do *long-seller Terapia Financeira* e dos livros *Empreender Vitorioso com Sonhos e Lucro em Primeiro Lugar; Mesada Não É Só Dinheiro; Livre-se das Dívidas; Eu Mereço Ter Dinheiro; Papo Empreendedor; Sabedoria Financeira; O Mistério da Praça Diamante; Sem Sonhos; A Menina do Rio e Diário dos Sonhos*. E das séries *O Menino do Dinheiro* (6 volumes) e *O Menino e o Dinheiro* (3 volumes); *O Menino do Dinheiro em Cordel; Ter Dinheiro Não Tem Segredo; Coleção Dinheiro Sem Segredo* (12 volumes); *ABCD da Educação Financeira; Apostilas – Educação Financeira para Jovens Aprendizes; Curso DSOP de Educação Financeira e Educação Financeira para Empreendedores; Apontamentos de Despesas e Apontamentos Financeiro*. É ainda autor de 2 Coleções Didáticas de Educação Financeira (15 volumes aluno e 15 volumes do professor). É também autor da *Coleção dos Sonhos para Educação Financeira com Neurociência*, que contempla quatro livros para o Ensino Infantil; seis livros para o Ensino Fundamental 1 (para o primeiro ano há uma versão para a criança alfabetizada e outra para a criança que está em fase de alfabetização); e quatro livros para o Ensino Fundamental 2, além de um livro do professor para cada ano. Essas coleções são acompanhadas por um kit para a Família (Caderno da Família e Risque e Rabisque da Família). É idealizador do projeto *Meu Primeiro Livro* da ABEFIN, na qual organizou o livro *Independência Financeira ao Alcance das Mãos* e *Trabalhadores Não Precisam Ser Pobres*.

Em 2008, criou o primeiro programa de Educação Financeira para empresas, o primeiro curso de Formação de Educadores Financeiros e idealizou a primeira Coleção Didática de Educação Financeira para o Ensino Básico do país, já adotada por diversas escolas, privadas e públicas. Em 2009, criou o primeiro curso de pós-graduação em Educação Financeira – **Metodologia DSOP**. Em 2012, criou o primeiro programa de Educação Financeira para jovens aprendizes e, em 2013, ampliou para educação de jovens e adultos (EJA). Em 2014, criou o primeiro curso de Educação Financeira para empreendedores. No mesmo ano, iniciou o curso de pós-graduação EAD em educação financeira – **Metodologia DSOP**.

Em 2016, criou mais três especialidades da Educação Financeira, por meio das pós-graduações *lato sensu* (Neurociência para Docentes, Terapia Financeira e Empreender com Lucro em 1º Lugar), além de idealizar o programa CLIL, que tem como objetivo conceder o protagonismo tanto à aquisição do idioma quanto à conscientização financeira vivencial dos alunos. Em 2017, iniciou a formação de Terapeutas Financeiros e idealizou a idealizou a primeira turma de *stricto sensu* do Mestrado em Educação Financeira. Em 2018, iniciou a formação de Empreendedores Educacionais, além da primeira turma de Doutorado em Educação Financeira. Educação. Em 2019, criou e lançou a primeira Franquia de Profissionais da Educação Financeira, por meio de Plataforma Digital.

Bacharel em Ciências Contábeis, pós-graduado em Análise de Sistemas, mestre (com a tese sobre o livro *Mesada Não É Só Dinheiro*) e doutor (com a tese sobre a Coleção dos Sonhos) em Ciência de Administração e Negócios e pós-doutorado (com tese sobre o livro Empreender Vitorioso com Sonhos e Lucro em Primeiro Lugar), Reinaldo fundou a Confirp Consultoria Contábil e foi governador do Rotary International Distrito 4610, na gestão 2009-2010. Atualmente é presidente do Grupo DSOP. É idealizador, fundador e presidente da ABEFIN (Associação Brasileira de Educadores Financeiros). Idealizou, também, o primeiro curso de pós-graduação em Educação Financeira (presencial e EAD) no Brasil e o primeiro programa de mestrado e doutorado em Educação Financeira no Mundo. Em 2019 lançou a Coleção A Turma do Nico – Fundamental 1 com as seguintes obras: O mistério da Praça Diamante, O enigma da Ladeira Prateada, O segredo da Vila Esmeralda, A charada da Escola Rubi, O sumiço na Biblioteca Safira, O Colecionador de Sonhos – Infantil e em parceria com "Dentro da História" Uma aventura espacial. Com mais de 5 milhões de exemplares vendidos sobre o tema Educação Financeira.

Reinaldo é mentor da **Metodologia DSOP**, que embasa todos os programas de educação financeira e, em em seu canal no Youtube, DINHEIRO À VISTA e em seu podcast no Spotify, REALIZANDO SONHOS, fala, semanalmente, sobre educação financeira.

NOME SUJO PODE SER A SOLUÇÃO!

Ph.D. **Reinaldo Domingos**

Dinheiro à Vista